U0957772

高校大学生思政教育与心理健康教育融合研究

王 珊 著

中国建材工业出版社
北 京

图书在版编目（CIP）数据

高校大学生思政教育与心理健康教育融合研究/王珊著. --北京：中国建材工业出版社，2023.11

ISBN 978-7-5160-3919-9

Ⅰ. ①高… Ⅱ. ①王… Ⅲ. ①大学生－思想政治教育－研究－中国②大学生－心理健康－健康教育－研究 Ⅳ. ①G641②G444

中国国家版本馆 CIP 数据核字（2023）第 222318 号

高校大学生思政教育与心理健康教育融合研究

Gaoxiao Daxuesheng Sizheng Jiaoyu yu Xinli Jiankang Jiaoyu Ronghe Yanjiu

王　珊　**著**

出版发行：中国建材工业出版社
地　　址：北京市海淀区三里河路1号
邮　　编：100044
经　　销：全国各地新华书店
印　　刷：北京传奇佳彩数码印刷有限公司
开　　本：787mm×1092mm　1/16
印　　张：9.75
字　　数：130千字
版　　次：2024年5月第1版
印　　次：2024年5月第1次
定　　价：59.80元

本社网址：www.jccbs.com，微信公众号：zgjcgycbs

前言

高校是大学生学习和成长的重要阵地，在大学生世界观、人生观、价值观形成的外因中，占据极其重要的地位。由于教育、家庭、社会等各方面因素的影响，大学生思政教育与心理健康教育工作面临着很多方面的现实问题，实际工作开展难度不断增大。推进思政教育和心理健康教育深度融合是高校落实立德树人根本任务的必然要求，是培养德智体美劳全面发展的大学生的内在需要，是推进思政教育和心理健康教育健康发展的必然选择。

思政教育与心理健康教育是高校素质教育的重要分支，开展大学生思政教育与心理健康教育融合工作可拓展思政教育渠道、深化思政教育内涵、提升思政教育与心理健康教育综合育人效果。为做好大学生思政教育与心理健康教育有机融合工作，高校应从构建二者相融合的体系、融合二者的教学手段与教学方法、强化教学实践活动、构建专业师资队伍、依托新媒体技术构建信息化教学平台等路径出发，推动大学生思政教育与心理健康教育的融合，切实提升高校育人实效性，从而促进大学生的全面发展。

本书是关于高校大学生思政教育与心理健康教育融合的书籍。本书首先对高校大学生思政教育和高校大学生心理健康教育进行概述，然后论述了高校大学生思政教育与心理健康教育融合育人，之后介绍了高校大学生思政教育与心理健康教育融合育人的路径，最后对高校大学生思政教育与心理健康教育融合创新进行研究。本书内容丰富、结构合理、思路清晰、语言精练，具有前瞻性、科学性、系统性和指导性。

本书在撰写的过程中，参考了大量的大学生思政教育与心理健康教育等方面的资料，在此向其作者致以诚挚的感谢。另外，由于作者水平、时间和精力有限，书中提出的一些观点可能还存在不妥之处，敬请各位读者提出宝贵意见和建议。

目录

第一章

高校大学生思政教育概述

第一节　大学生思政教育的基本内涵

一、高校思政教育内涵界定

高校思政教育的内涵反映了高校思政教育这一教育实践活动的本质属性。这一本质属性具有相对稳定性，但也随着高校思政教育的任务、目标的变化以及社会环境的变化而不断发展。

（一）高校思政教育的内涵

在《现代汉语词典》中，所谓内涵是指“一个概念所反映的事物的本质属性的总和，也就是概念的内容”。按照内涵的这一定义，高校思政教育的内涵就应当是“高校思政教育”这一概念所反映的事物的本质属性的总和，即“高校思政教育”这一概念的内容。

在实践中，高校思政教育主要是高校思政工作者利用一定的思想观念、政治观点、道德规范，对大学生施加有目的、有计划、有组织的影响，使他们形成符合新时代中国特色社会主义所需要的思想品德的教育实践活动。因此，高校思政教育的基本内涵是指最能反映这一教育实践活动本质属性的主要内容。

在哲学中，所谓事物的本质属性，是指事物固有的决定事物性质、面貌和发展的根本属性。由此出发，高校思政教育的本质属性也应当是高校思政教育固有的决定其性质、面貌和发展的质的规定性。因此，这种本质属性应包括两个方面：第一，本质属性应贯穿高校思政教育活动的始终，是高校思政教育活动中最普遍、最一般的固有属性，同时规定和影响其他派生属性（非本质属性）；第二，本质属性应该是高校思政教育变化发展的根据。由此得出，高校思政教育的本质属性应为政治性与科学性的有机统一。政治性是高校思政教育的阶级属性。如果没有表示阶级意志的政治性，不能维护统治阶级的有效统治，那么高校思政教育就不可能存在，更不可能发展。因此，政治性是贯穿高校思政教育始终的一个特有属性。科学性是高校思政教育的客观实践属性。如果不反映客观事物的本质和历史发展的趋势，不能最终促进社会生产力的发展，不代表最广大人民群众的根本利益，那么高校思政教育就得不到发展，当然也不能长久存在。因此，科学性是高校思政教育本身得以发展的内在规定性。

综上所述，要完整、准确地认识高校思政教育的本质，就必须坚持高校思政教育政治性与科学性在理论与实践上的有机统一。在这一问题上，目前存在着两种不良倾向：一种是强调高校思政教育的政治性，而偏离高校思政教育的科学性，从而使高校思政教育变得空洞与说教，就形势而追踪形势，就热点而炒作热点，缺乏系统的科学理论支撑。另一种是强调高校思政教育的科学性，否定高校思政教育的政治性，从而使高校思政教育变得盲目。例如，在实践中，一些高校的“法律基础课”上成了“法学概论课”。因此，深化高校对思政教育本质属性的认识，是当前提高高校思政教育的有效性、加强高校思政教育学科建设的当务之急。

（二）高校思政教育内涵的继承性

伽达默尔（Gadamer）认为，所有的概念都不是固定不变的，其意义必定随着时间的推移在阐释者的实践理解中发生变化。因此，语言概念的意义只能在不间断的交流或对话中得到澄清，阐释者只能通过不断与其他阐释者对话来验证自己对世界的阐释是否正确、是否理性，而传统（语言传统、意义传统以及有关主体间相互理解时所依赖的共同语言环境的一切因素的传统）正是使这种对话得以顺利进行的基础。传统是历史的沉淀，流传至今的“传统”是历史的超越，必有它存在的理由。因此，善待传统是人类明智的表现。向传统学习，把传统转化为我们心智的一部分，就成为每个人永不停歇的过程。

为了避免低水平的重复制造，人们必须遵从学术传统，在传统的基础上提出和研究问题，使传统得以发展。在思想发展史上，但凡新的思想出现，都不是孤立的现象，都可以从传统中找到它的碎片和痕迹。在历史的演进过程中，传统并非一成不变，它会发生衍化。就大的方面而言，可分为以下几类：一些传统历经时代变迁，活力依旧，本色不改；一些传统被赋予新质，在蜕变中仍显其本质特性；一些传统与社会发展方向相悖，但终因各种复杂的因素而悄然存活。区别这些各自不同的传统是必要的，至少可以给如何继承提供一些路径。显然，对前两类传统应视其情况予以继承，对后一类传统则应婉拒。

作为一个概念，高校思政教育的内涵也有着自身的变与不变。从不变的角度来看，今天的高校思政教育是历史的继续，其基本内涵首先是对传统的继承。重视高校思政教育是党的优良传统。在党的历史上，高校思政教育形成了自身的丰富内涵。继承党的优良传统，把传统证明过的科学的东西纳入高校思政教育的现状中来，是高校思政教育自身发展的需要。

在高校思政教育史上，我党为把大学生培养成为有用之才，曾先后提出了许多科学的标准和要求。这些标准和要求都着眼于中国革命、建设和改革的具体实践与客观要求，为大学生成长为栋梁之材指明了方向，设定了标杆。从总体上看，这些针对广大青年特别是大学生专门提出的标准和要求，是一脉相承的科学体系，从强调德、智、体协调发展，到强调理想、道德、文化、纪律兼备，再到强调求学和做人、知识和实践、个人和社会、理想和现实的统一，既体现了人才培养的目标，同时也包含了丰富的高校思政教育内容，揭示了高校思政教育的丰富内涵。这些内涵在高校思政教育中具有恒久的意义。

（三）高校思政教育内涵的创新性

传统固然重要，但是它不能包揽和代替现实。因为事物在发展，现实在变化，新的东西总是层出不穷，一味抱残守缺，无异于刻舟求剑，不能适应时代的发展和社会的需求。因此，在合理继承传统的基础上，改进和创新实属必然。

创新是对传统进行大胆扬弃，重在创意、创建和创立。创新需要科学与人文的价值导向：求真、向善。求真，即贴近现实，追求真理；向善，即符合完美的人性，追求人类的终极关怀，体现符合多数人意向的道德情感，它是一种价值承诺，是教育信念确立的基础和前提。对创新要进行价值评价，不能唯“新”是从，否则就是庸俗的进化论。在创新这一概念中，“创”始终是手段，“新”才是目的。所谓新，并不仅仅是标新立异，要看其是否具有“新质”，是否具有新价值，是否体现事物的本质，是否代表社会发展的方向。我们需要的是真正意义上的创新，反对徒有其表的所谓的创新。那种把创新仅仅停留在现象层面，甚至停留在口号上的做派，是学风浮躁的表现，绝非真正意义上的创新。旧和新，只是相对而言，旧在先前也曾是新的，何况它能沿袭至今，必有其缘由，不能大起大落，做简单的肯定或否定。在各种思潮并起、社会价值观多元的当今社会，对“旧”和“新”进行梳理，还它以本来面目，是继承和创新的逻辑起点。

当代社会迅速发展的情况，同过去时代已有很大不同，现在绝不是过去的再现，未来更不是现在和过去的翻版，教育的重任是要为一个未知的世界培养人。因此，在现代社会条件下，高校思政教育的生命线作用、先导性作用，应当合理地被理解和作为创新功能进行发展和发挥。这种发展和发挥的基础和需要，就是思政教育向未来领域的发展。高校思政教育只有发展创新功能，即面向未来不断实现对自身的超越，并不断促进人们实现超越，才能真正把握未来，拥有未来；否则，面向未来就是一句空话。

（四）高校思政教育的领域拓展

近年来，社会的发展对高校思政教育提出了新的要求。基于教育要面向现代化、面向世界、面向未来的思维，也基于现代社会和学科领域的高度分化与高度综合相结合的发展趋势，高校思政教育的作用范围在扩大，高校思政教育在向新的领域拓展。

第一，高校思政教育向宏观领域拓展。这种拓展表现在两个层面上：其一是国内层面，就是高校思政教育要面向社会主义现代化建设，把社会主义现代化建设作为政治方向，作为高校思政教育的主题。高校思政教育要向业务活动、经济活动、管理工作广泛渗透，深深植根于现代社会生活之中。在现代社会条件下，新开辟的领域和新涌现的问题，既广泛而深刻地影响着社会的进步，也折射出许多新的思想、政治、道德问题，迫切需要发展的高校思政教育与之相适应，创建竞争伦理、科技伦理、环境伦理、网络伦理等，保证和促进新的领域的发展。其二是国际层面，为了适应对外开放的需要，我们要培养大批面向世界的人才。面向世界的人才不仅要有参与世界范围竞争的科学技术水平，还要有面对世界的思想、道德和心理素质；既能正确应对世界上各种文化和价值观的冲击，也要有正确分析、鉴别、选择人生观和价值观的思想基础；既能投身于世界范围的经济、科技、人才竞争，也要有敢于竞争的勇气和自强不息的精神；既能生活在对外开放的环境和活动在各种场所，也要有健康的心理和文明风度。这些思政素质，比过去要求更高，也更全面。

第二，高校思政教育向未来领域拓展。随着开放范围的扩大和改革的深化，科学技术的迅猛发展、物质文化生活水平的提高和竞争机制的广泛引入，既增加了社会的复杂程度，又加快了社会的变化频率。因此，现代社会对大学生来说，既存在机遇，又存在风险。而大学生希望自己能抓住机遇，避免风险。他们更加关注发展的前景，更加注视未来领域的发展趋向。高校思政教育必须面向未来发展，探索适用未来领域的理论与方法。高校思政教育的一个重要作用是导向，即以正确的思想指导大学生进行实践活动。因而，高校思政教育应当具有超前性和预防性，要保证和促进大学生面向未来的顺利发展。高校思政教育当然不能代替大学生的预测与决策，但高校思政教育可以帮助大学生增强面向未来的意识，使之对未来发展趋势具有一个清晰的认识，学会抓住机遇，化解风险，避免偶然因素和不道德行为的干扰和冲击，增强预测与决策的自觉性。同时，高校思政教育还要帮助大学生掌握科学的预测和决策方法，克服经验主义、盲目主义倾向，防止由于复杂因素的困扰和不能面对差距而陷入困境。因此，社会的发展和大学生的发展，既向高校思政教育提出了面向未来进行预测和决策的要求，也为其开展预测和决策创造了条件。正确的预测既是为了现在，更是为了未来，为了在预见的前景和目标之前采取正确的教育决策和教育措施，实现教育的科学化。现代高校思政教育一定要研究预测和决策的理论和方法，形成高校思政教育预测与决策的分支学科，为高校思政教育提供理论指导。

第三，高校思政教育向微观领域拓展。所谓高校思政教育的微观领域，就是指高校思政教育工作者与大学生的内心世界。宏观的客观世界同人们的主观的内心世界总是不可分割地联系在一起的。宏观世界的开放性、复杂性、易变性也会导致人们内心世界的开放、复杂与变动。因此，高校思政教育在向宏观领域发展的同时，必须向微观领域发展。人们内心世界具有更大的复杂性和潜隐性，它仿佛像一个“黑箱”，无法窥探，也难以敞开，只能通过深入研究，才能把握其发展变化的规律。在现代社会条件下，社会因素和社会信息不断增多，并且变化节奏加快，整个社会和人们的利益关系复杂程度增加，这会引起大学生的心理震荡，增加心理负荷，甚至导致一些人出现心理不平衡、心理障碍与心理疾病。因此，心理方面的问题十分突出地摆到了高校思政教育者面前。开展心理测试与心理分析，进行心理诊断与心理咨询，普及心理保健知识，提高学生心理素质，便成为高校思政教育的一项重要任务。此外，高校思政教育还有一个更重要的任务，就是开发人力资源。每一个人都有一个复杂的内心世界，每一个人都有巨大的潜能。我们要把人们的潜能充分发挥出来，把人力资源充分开发出来，如果不掌握人们内心世界的发展变化规律，不能有效地把外在教育内化为人们的思想，思政教育就只能是一句空话。所以，我们要探索思想内化理论，掌握心理发展规律，建立具有新时代中国特色社会主义的高校思政教育心理学。

二、高校思政教育的社会内涵

社会性内涵是高校思政教育的基本内涵。在党的历史上，为社会现实服务，依据社会发展的需要确定教育内容，是高校思政教育的光荣传统。中华人民共和国成立后，高校思政教育先后为社会主义革命和建设服务，形成了高校思政教育在不同历史时期的特定社会内涵。在新的历史时期，高校思政教育的社会内涵主要体现在普及马克思主义中国化理论、树立中国特色社会主义共同理想、弘扬民族精神与时代精神等方面。

（一）普及马克思主义中国化理论

马克思主义自20世纪初传入中国，便植根于中国社会，并与中国社会的具体实际结合起来，形成了中国化的马克思主义。

马克思主义中国化的四大理论成果是一脉相承的思想理论体系。毛泽东思想、邓小平理论、“三个代表”重要思想、科学发展观、习近平新时代中国特色社会主义思想具有本质上的一致性。它们都以辩证唯物主义和历史唯物主义作为世界观和方法论，把解放和发展生产力作为历史进步的着眼点，把实现共产主义、解放全人类作为根本目标。同时，它们又都是开放的理论体系，坚持解放思想、实事求是，不断汲取时代精神的精华来丰富和发展自己，都具有与时俱进的特性。在新的历史时期，高校思政教育必须加强马列主义、毛泽东思想，特别是中国特色社会主义理论教育。高校思政教育必须同各种反马克思主义的思潮作斗争，坚持用马克思主义占领高校的思想阵地，防止和反对指导思想多元化，提高大学生识别和抵御各种错误思潮的能力；必须大力弘扬理论联系实际的学风，坚持马克思主义的科学精神和基本理论，坚持解放思想、实事求是，努力对当前急需进行理论引导或说明的突出问题做出科学的、有说服力的、符合实际的解释和说明，并在实践中不断丰富和发展马克思主义。

（二）树立社会主义共同理想

一个国家的可持续发展，一个国家的内部和谐，与该国现实的政治经济状况密切相关，与该国国民的共同理想也密切相关，这两种相关是同等重要的。强大而明确的共同理想，甚至能在很长的时期内克服政治经济结构的现实困难，这在历史上不乏其例。我国经过近现代的曲折徘徊与浴血奋争，经过近几十年来的探索发展，已经走出了一条适合自身国情、能有效发挥本国优势且取得了辉煌成就的道路，这就是中国特色社会主义。

如果说在共产主义启蒙时期形成理想信念需要思想上的睿智与敢为天下先的勇气的话，目前已经积累的辉煌的历史成就使新的一代人更容易形成坚定的中国特色社会主义共同理想。但新的一代人又是没有苦难记忆的一代人，他们生活在一个思想多元化的开放社会，所以主旋律的高扬更显得必要。中国特色社会主义共同理想教育是当代高校思政教育的“灵魂”和基础，它决定着高校思政教育的基本性质。可见，中国特色社会主义共同理想教育是当前高校思政教育的关键和核心所在。其功能和作用主要体现在以下几个方面：

第一，中国特色社会主义共同理想教育决定着高校思政教育的基本性质。大学阶段是大学生确立自我实现人生目标的关键时期，引导大学生树立高远的志向是高校思政教育的核心内容。共同的理想信念是一定社会主体共同价值目标的集中体现，当代中国高校思政教育的实质就在于从思政理论的高度，使大学生充分认识到中国特色社会主义共同理想的科学性，使大学生不仅在情感上，还能从世界观的高度，理性地接受和认同中国特色社会主义的价值目标。只有牢固地树立起中国特色社会主义共同理想，以社会主义核心价值体系凝聚广大青年学生，才能产生经久不衰的动力，使广大青年学生既看到中国特色社会主义事业面临的挑战和困难，又看到中国特色社会主义事业所具有的旺盛生命力，在构建社会主义和谐社会、加快社会主义现代化建设的历史进程中奋发有为，建功立业。

第二，中国特色社会主义共同理想教育是振奋大学生精神、鼓舞大学生进取的有效途径。中国特色社会主义充分反映了我国最广大人民的共同愿望、利益和要求，是全国各族人民不懈追求的共同理想。这个共同理想把国家、民族与个人紧紧地联系在一起，它有利于调动全体人民共同为之奋斗，能够在最大程度上统一社会意志、集中社会智慧、激发社会活力，为构建社会主义和谐社会提供有力的精神保证。大学生是十分宝贵的人才资源，是民族的希望，是祖国的未来。加强和改进高校思政教育，提高大学生的思政素质，对于确保中国特色社会主义事业兴旺发达、后继有人，具有重大而深远的战略意义。中国特色社会主义共同理想教育，可以使大学生懂得以下道理：要实现个人理想，就必须从现实出发，从自己做起，从身边的小事做起，脚踏实地，百折不挠；要实现中国特色社会主义理想和中华民族伟大复兴，就必须多读书、读好书，努力学习科学文化知识，提高科学文化素质，掌握科学知识、科学方法和科学思想，提高自己辨别是非的能力。

第三，中国特色社会主义共同理想教育是衡量高校思政教育效果的重要标准。高校思政教育的目的是使大学生认同和接受社会主义的基本思想和价值目标。在我国现阶段，就是要使大学生接受我们党的政治主张和政治信仰，并且充分看到广大人民群众的利益与自身利益的一致性，使建设中国特色社会主义的埋想成为他们的共同理想。所以，评价高校思政教育效果的一个重要标准，就是要看国家的政治主张、政治信仰和现阶段我国各族人民的共同理想是否为广大青年学生所认同。能不能培养出一代又一代有觉悟的社会主义新人，不仅是衡量高校思政教育效果的重要标准，更是关系到社会主义和共产主义远大目标能否实现的关键。在教育大学生成为“四有”新人的目标体系中，中国特色社会主义共同理想始终摆在第一位。只有树立中国特色社会主义理想，学生才能自觉地运用社会主义的道德和纪律来约束自己，才能产生努力学习科学文化知识的强大内在动力。

（三）弘扬民族精神和时代精神

民族精神是一个民族在长期的历史发展过程中逐步形成和培育起来的一种独具民族特色的、自觉的群体意识，是民族文化、民族智慧、民族情感、民族心理、民族共同理想、民族共同价值取向和民族行为规范等民族个性的综合体现。中华民族在五千年的文明发展史中，为我们留下了丰富的文化遗产，蕴含在其中的伟大的民族精神，是中华民族传统文化的积淀和升华。我国如何在更加开放的环境下不断发展壮大中华民族传统文化，增强广大群众特别是青少年对民族文化的认同和自信，如何在激烈的国际竞争中努力确立并发挥我们自己的民族文化优势，增强民族文化竞争力，维护国家文化安全，成为高校思政教育面临的重大课题。因此，我们必须坚持以人为本，挖掘中华民族的文化资源，把民族精神教育作为高校思政教育的重中之重，实现古今文明的优势互补。

时代精神是时代思想的结晶，是一个时代科学认识成果和进步潮流的凝聚，是对时代问题的能动反映和应答，是某一社会在特定时代代表主流文化的内在、稳定而又深刻的东西，是一个时代、一个民族大多数人所希望、所向往、所信奉、所为之激动不已与追求不止的观念和精神，具体体现在这个时代大多数人的精神风貌、民族特质、理想信念、生活态度、价值取向、人生追求、风俗习惯、行为规范及所有活动之中，是贯穿其中的原则、灵魂和起统摄作用的东西。时代精神产生于时代之中，因此，它是时代变化的“晴雨表”或集中体现。时代精神反映了时代的特点、时代的内容并适应了时代的要求，它为特定时代提供精神支柱、动力和文化条件。当今时代精神主要体现在科学精神、人文精神、民主精神、开放精神和创新精神上，体现在“解放思想、实事求是，与时俱进、勇于创新，知难而进、一往无前，艰苦奋斗、务求实效，淡泊名利、无私奉献”上，其本质和灵魂在于创新。高校思政教育要善于从时代精神中汲取营养，在时代发展和社会进步中掘取资源，吸纳时代精神，把时代精神作为塑造一代新人的核心内容，贯穿教育的全过程，渗透到教育的方方面面。如果无视时代的进步、社会的发展，与时代精神和时代发展相左，高校思政教育就很难被人们接受，很难体现时代感，也很难取得实效。

三、高校思政教育的个体发展内涵

高校思政教育除了具有社会内涵，还具有个体发展内涵。改革开放以来，尤其是近年来，随着人们对大学生主体地位的重视，高校思政教育的个体发展内涵日益显现出来。当前，高校思政教育的个体发展内涵主要体现在促进大学生人际和谐与心理和谐，培养大学生的竞争意识与合作精神，培育大学生的人文精神与科学精神，促进大学生全面协调发展，培养大学生的健康个性等几个方面。

（一）促进大学生人际和谐与心理和谐

高校思政教育的主要内容与和谐社会的本质要求是完全一致的。大学生人际和谐与心理和谐教育，既体现了高校思政教育的个体发展内涵，也体现了建设和谐社会的时代重任对高校思政教育的要求。

当前，如何实现个人与他人关系的和谐、如何实现团队的和谐发展，成了影响大学生成长的重要问题。随着社会分工的细化和科学领域的不断拓展，当今社会越来越强调团队协作的重要性。因此，加强团队教育，成为高校思政教育面临的重要任务。团队教育强调的是在以人为本、以学生为本基础上的团队协作与配合，从而实现团队与个体的共赢。当前大学里的团队形式较为丰富，主要包括班级、寝室、学生会、社团、学生组建的各种工作室等。大学应制定专门的团队评奖、评优制度，设立优秀班集体、优秀寝室、优秀社团、优秀工作室等奖项，并将其纳入学生奖励体系，加大对团队的奖励力度，鼓励学生加入团队，扮演不同的团队角色，在其中得到相应的锻炼和成长，从而为学生实现与他人关系的和谐、实现团队的和谐发展奠定良好的基础。

人自身的和谐是整个社会和谐发展的根本前提。当前大学生在成长过程中面临的自身和谐问题主要表现在：理想追求与现实可能的不和谐、认知与行为的不和谐、身体成长与心理发育的不和谐，主观成长需要与现实拥有条件的不和谐等。为此，高校在思政教育过程中必须抓住这几个关键要素，认真做好学生的心理健康教育，通过系统的心理测试、有针对性的心理咨询、心理素质拓展训练和完备的心理危机干预体系，让学生的心理与身体实现同步成长。同时，对学生的学业给予激励和引导。学业是大学生活的根本，要以激励为目标重新构建学生的奖学金制度，同时推行“三轨辅导制”（为每一个班级至少配备一名专业导师、一名专职辅导员和一名课外辅导员），加强对学生学习和学业的引导，从不同角度辅导学生的学习与成才。此外，大学生要在导师和辅导员的指导下，定期填写成长规划书，设立学习目标，并为之努力。

（二）培养大学生的竞争意识与合作精神

社会主义市场经济体制的发展与完善，已经成为推动中国社会发展的重要方式，并且不容置疑地成为现代中国人生存与发展的重要环境条件。创设和优化竞争环境是现代高校思政教育的重要功能之一，是高校思政教育的时代性、针对性、实效性和价值性的体现，加强高校思政教育，可以为大学生创设竞争环境并提供思想和社会心理基础以及方向保证。高校思政教育必须依据马克思主义环境理论，在承认环境决定人的发展、决定人的思想道德面貌的同时，坚持人在环境面前具有主观能动性、人可以改变环境的基本观点，充分发挥意识的积极能动作用，通过不断地增强人们的思想道德意识，积极创设和优化现代竞争环境。

首先，高校要帮助大学生增强竞争意识，克服不良的竞争心态。竞争的目的是破除平均主义的观念，以各种利益的差异形成积极进取的动力，使个体、集体、国家的利益得到最大满足，从而推动个人、社会的快速进步与发展。因此，竞争结果的差异是不可避免的。既然竞争的特质是机遇与风险并存，那么目标与结果不相吻合、竞争失败也是不可避免的。如果对竞争的后果不具有心理平衡与协调的意识与能力，就容易使竞争造成消极的影响与后果，表现为对竞争目标和期望定位及在实现过程中产生的不切实际的想法、急躁情绪和浮躁心理。因目标和期望实现受阻或难以实现而产生的挫折感、悲观感和自暴自弃感，对竞争结果的差异性不能正确对待而产生的心理失衡感和对竞争的恐惧感，以及嫉妒心理、攀比心理和报复心理等，会导致大学生产生大量心理问题。这既容易引发人际关系的紧张与恶化，引发不道德行为和不正当的竞争，又无法形成健康的竞争心理。高校要在思政教育中通过心理咨询的方法，帮助大学生进行心理调适，解决他们的心理问题，提高他们的心理素质和心理承受力；通过加强对大学生心理平衡与协调意识的培养以及能力的训练，提高他们自我认识、自我学习、自我调节、自我平衡、自我评价的能力，从而为竞争环境的创设和扩展提供良好的心理保证。

其次，高校要加强主导性与目的性的引导，为大学生在竞争环境中的发展提供方向保证。自主性与主导性是竞争环境健康发展的必要保证，在这种多元价值取向和多元文化并存的环境中，高校思政教育必须积极发挥其正确的导向功能，引导大学生正确认识道德在竞争环境中的价值和必要性。世界经济发展的实践表明，道德精神是促进经济增长、增强市场主体的竞争实力和经济效益的重要因素，经济领域的竞争，各种利益的协调，除了行政、法律的手段外，还必须借助道德的力量。人们只有具有竞争的道德意识，才会真正明确竞争的目的，正确处理竞争中出现的种种问题。高校还要加强公民道德教育，教育和引导大学生守法、守纪、守诚、守信、守德，做到公平竞争、以义求利，能够按照正确的伦理原则指导大学生的学习与研究。

最后，高校要培养大学生的竞争意识与合作精神。高校应采用渗透性、潜在性、强化性和优化性的教育方式。所谓渗透性、潜在性，就是把高校思政教育所倡导的社会主义意识形态、正确的价值观和发展观潜移默化地渗透到竞争环境中去，由显性教育的方式转为隐性教育，寓教于环境，起到“润物细无声”的作用。所谓强化性，就是在制定竞争原则和竞争规范时，明确公平正义的原则，强调守法、守纪、守诚、守信、守德的规范，制定竞争的基本道德要求，从而使高校思政教育在竞争环境中起到引领作用。所谓优化性，就是对竞争环境中的不健康、不道德的行为和风气加以克服与净化，将优秀的精神文化、良好的道德风尚融入竞争环境中，同时提高大学生的主体性，提升其对竞争环境的鉴别力、选择力和改造力。

（三）培育大学生的人文精神与科学精神

近代以来的高等教育是以近代科技为核心内容的，其专业教育指向的是自然世界，是对自然的操纵和利用。究其实质而言，近代高等教育是大工业生产和科学技术革命的产物。在高等教育中，新的学科和学习内容被引进，数、理、化、工逐渐占据高校讲堂的中心。高校作为大工业生产的劳动力培养基地，作为科学技术研究和开发的信息库和人才库，对近现代社会生产和科学技术的发展起到了极大的推动作用。科学教育的重要性越来越引起人们的关注。科学精神作为人类文明的崇高精神，它表达的是一种敢于坚持科学思想的勇气和不断探求真理的意识，它具有丰富的内涵和多方面的特征，具体表现为求实精神、实证精神、探索精神、理性精神、创新精神、怀疑精神、独立精神和原理精神。这些精神正是当代大学生个体发展所必需的，也是高校思政教育所要倡导和弘扬的。

人文精神是指人类对人世的探求和对人世活动的理想、价值追求。人文精神是整个人类文化所体现的最根本的精神，是人类文化生活的内在灵魂。它以追求真、善、美等崇高的价值理想为核心，以人的自由和全面发展为终极目的。人文精神教育是现代教育的重要组成部分，是素质教育的根本。高校以培养人才为天职，关心人的解放、人的完善、人的发展是高校存在的意义。高校的人文精神是经过长期的历史积淀，在不断的发展演绎过程中形成和发展起来的，有着稳定而丰富的内涵。它体现了对人的价值和生存意义的关怀，同时又以价值观念和行为规范的形式约束着大学生的行为，显示着高校不同于其他机构的气质特征。

可以说，高校所弘扬的人文精神主要是指在处理人与自身、人与他人、人与社会和人与自然的关系中所持的正确价值观，以及建立在这种价值观基础上的行为规范。这种人文精神教育在大学生的人格塑造、文明行为养成等方面起着重要作用。切实加强人文精神教育是大学生全面发展的需要，是高校思政教育的重要内容。

需要注意的是，在一定意义上，科学精神本身就是高校思政教育所培养的一种人生信仰和理想追求，同时也是人文精神的一个不可分割的重要组成部分。高校思政教育只有把科学精神教育和人文精神教育结合起来，才能真正培养出全面发展的人才。思政素质是方向，科学精神是立事之基，人文精神是为人之本。因此，高校在弘扬人文精神时，要正确处理好人文与科技的关系，使人文与科技成为互补的双翼；要追求人文、科技的和谐发展，追求人文精神与科学精神的统一，让科技发展充满人文的关怀，从道德的、伦理的、人文的角度解决科技发展带来的一系列新问题。

(四) 促进大学生全面协调发展

人的自由而全面的发展，是马克思和恩格斯追求的理想目标。马克思和恩格斯所说的全面发展有两个层面的意义：第一个层面的意义是人的自由而全面的发展，这是共产主义的本质特征。早在1848年，马克思和恩格斯在《共产党宣言》中就宣告："代替那存在着阶级和阶级对立的资产阶级旧社会的，将是这样一个联合体，在那里，每个人的自由发展是一切人自由发展的条件。"之后，他们又多次阐述了这一基本思想，把每个人自由而全面地发展看成比资本主义更高级的社会形式的"基本原则"。在马克思和恩格斯看来，人的自由而全面的发展是与生产力的发展成正比的。每个人的自由而全面的发展，只有在物质财富极大丰富、人们的精神境界极大提高的共产主义社会，才能得到完全的实现。这是一个逐步提高、不断发展的过程。因此，在社会发展的每一阶段，都存在着人的发展。这就是马克思和恩格斯在第二个层面的意义上使用的"人的自由而全面的发展"：个人的能力和素质以及社会关系的不断进步和提高。当前，我国正处于社会主义初级阶段，促进当代大学生全面、协调发展，正是高校思政教育个体发展内涵的重要体现。

大学生的全面发展，既有物质的因素、技术的因素，也有精神的因素。在现阶段，影响和制约大学生自由而全面发展的因素也是多方面的，有物质的，有技术的，也有精神的。在生产力和物质文化有了长足发展，高校建设不断壮大和完善的条件下，大学生精神方面的制约因素显得越来越突出。要想阻止这些因素对大学生精神的腐蚀，必须加强和改进高校思政教育，发挥高校思政教育在促进大学生全面、协调发展方面的强大功能。高校思政教育可以为大学生的全面、协调发展提供精神支持。思想道德素质的提高是大学生全面发展的前提。尽管提高大学生思想道德素质的途径和方法是多种多样的，但高校思政教育的作用是不可替代的。高校思政教育能够不断解决大学生发展中提出的新课题，也能够不断促进大学生的全面、协调发展。可以说，没有科学而有效的高校思政教育，就没有大学生的全面、协调发展。

（五）培养大学生的健康个性

改革开放以来，大学生思想上的独立性、选择性、多变性与差异性都在不断增强。面对这些变化，一些高校观念滞后，在高校思政教育中，往往只强调主流思想，强调灌输和威压，强调整齐划一。这种居高临下的“教育”会造成学生的逆反心理和对抗情绪，与教育初衷背道而驰。因此，高校思政教育应当转变观念，倡导健康的个性教育，把健康的个性教育作为高校思政教育的出发点和最终归宿。

教育学界普遍认为，个性是在一定的生理与心理素质基础上，在一定历史条件下，通过教育对象自身的认识与实践，形成和发展起来的个体独特的身心结构及其表现。如果大学生各系统发展均衡、协调，而且都达到了较高的层次水平，知、情、意统一，自我调控能力较强，内心冲突较少，其就能够较好地适应社会，并表现出良好的创造性。这种个性就是一种健康的个性。高校思政教育应该是一种健康个性教育，它应当着眼于发展大学生的心理品质，使其形成完整和健全的心理结构，即形成一种健康的个性。

高校思政教育强调主导思想的一元化，弘扬社会主义的思想道德和文化。这主要作用于大学生个性核心层次的主导方面，即个性倾向性中的理想、信念、价值观、人生观、世界观等方面。与此同时，高校思政教育不应否定人的心理的多样性，而应鼓励大学生形成具有个人特色的能力、性格类型和自我调控方式。每个人的生物前提不同，家庭环境、所受教育、个人经历也不同，因此，人的个性会存在多种不同的组合方式和发展水平，表现出个性的差异性。这些差异性是客观存在的，是任何人为因素都难以抹杀的。高校思政教育的最终目标是实现大学生个性的优化，形成健康的个性。健康的个性存在多种形式，不同类型的个性通过高校思政教育等手段，都可以实现结构优化，帮助大学生形成健康个性。培养大学生的个性已成为当代高校思政教育个体发展内涵的重要内容。

四、高校思政教育内涵的延伸

社会内涵与个体发展内涵是高校思政教育最基本的内涵。除此之外，在实践中，高校思政教育还向许多相关领域延伸。这些延伸了的内容，也是高校思政教育内涵的重要组成部分。例如，高校思政教育与历史教育、地理教育、国际政治教育相结合，延伸出认识基本国情与基本世情的问题；与法律教育相结合，延伸出培养民主意识与法治精神的问题；与时事相结合，延伸出认识形势与政策的问题；与大学生的日常生活相结合，延伸出高校日常事务中的高校思政教育问题；等等。

（一）引导大学生认识基本国情与基本世情

当前，人们受各种思想观念影响的渠道明显增多，程度明显加深，思想活动的独立性、选择性、多变性、差异性明显增强。当代大学生思想敏锐，勇于进取，思想观念趋于多元化，在各种社会思潮的影响下，往往表现出较强的事业心、责任感，但有时也会表现出良莠不齐、社会责任感不强的弱点。针对这些复杂的现象，我们不能简单地肯定和否定，而应结合我国社会主义初级阶段的基本国情和当前国际形势，对大学生开展国情与世情教育，让他们认识到，只有坚持走中国特色社会主义道路才能使中国强大起来，从而激发起学生的建设社会主义现代化强国和为人类做贡献的紧迫感、使命感和责任感。在国情教育方面，除了加强国家历史与国家地理的教育，还要着重结合改革开放的历史进程，引导学生认识中国特色社会主义的强大生命力，以及前进中面临的一些突出的问题。改革开放四十多年，我国经济社会发生了天翻地覆的历史性巨变，取得的成绩备受世界瞩目。在巨变面前，我们仍需保持清醒的头脑，必须看到，实现现代化、赶上世界先进水平还有很长的路要走。

在世情教育方面，除了加强世界历史与世界地理的教育，还要着重引导学生认识当今世界和平与发展的时代主题以及我国国际环境的复杂性。在21世纪，世界多极化和经济全球化的趋势在曲折中发展，科技进步日新月异，综合国力竞争日趋激烈。世界经济失衡加剧，能源资源压力增大，生态环境问题突出，贸易保护主义趋势上升，国际安全面临新的挑战。国际大环境对我国发展既有许多有利条件，也有不少不利因素，这要求我们党应准确把握人类社会发展规律，进一步推动建设和谐世界，为中国实现可持续发展创造所需要的外部环境；要求我们党应抓住机遇，加快发展，在未来的发展中赢得更多的主动权，在复杂多变的国际格局中始终立于不败之地。这是我们党在面临国际局势变动中的新考验。

（二）培养大学生的民主意识与法治精神

民主与法治是现代国家的基本特征，也是中国特色社会主义的本质属性之一。培养大学生的民主意识与法治精神，是高校思政教育的主要任务之一。民主意识与法治精神教育，是当代高校思政教育的重要内涵。

首先，高校思政教育要致力于培养大学生健康的民主观念。民主观念是现代国家公民的基本素养。我国是社会主义国家，我们培养的人才更应当具有民主的素养。高校思政教育要致力于培养社会主义合格公民，培养当代大学生健康的民主观念。众所周知，大学生作为青年群体的一部分，思想活跃，爱国热情高涨，参与国家政治生活的愿望强烈，向往民主。这种热情和愿望，如果引导到社会主义法治的轨道上，就会成为推进民主政治建设的一种积极因素。相反，如果缺乏正确的民主意识和清晰且牢固的法治观念，不懂得参与民主政治必须依照法律的规定和通过法定的途径，分不清社会主义民主同极端民主化和无政府主义的界限，就容易给社会带来动乱和危害，而且也违背了大学生的美好愿望。法治教育可以使大学生学习到法律基本知识，增强法律意识，形成正确的民主意识和牢固的法治观念，从而通过正确的途径和方法表现自己的爱国热情，实现自己的政治愿望。

其次，高校思政教育要致力于培养大学生的法治精神。我国的社会主义法律是根据国家的经济、政治和社会各方面的需要，依据经济运行规律和社会历史发展规律制定的，是保证社会稳定和社会发展的重要武器。一方面，法律作为广大人民群众管理国家、建设国家的重要武器，为大学生投身社会实践，行使主人翁权利，提供了可靠的法律保障。它指导和规范着人们的社会行为及其方向，它明确地赋予人们所享有的权利和应当承担的义务，保护着青年大学生所享有的种种权利。它为青年大学生的成长开辟了广阔的天地，保护着他们健康成长。另一方面，大学生也要遵守国家的法律与制度，做知法、守法的公民。必须让大学生清楚地认识到，只有维护国家法律的尊严，才能赢得自己的尊严。大学生作为有知识的群体，是国家未来的栋梁，他们是否具有法治精神，很大程度上影响着中国特色社会主义的法治进程。加强对当代大学生的法治教育，是高校思政教育的重要任务。

最后，需要指出的是，社会主义民主政治并不是依靠行政命令就能推行的，最终还要取决于人们民主意识、法治意识的增强和政治素质的提高。只有增强人们的民主意识、法治意识，提高人们政治素质，他们才能够有序、有效地参与社会主义政治生活。当前，高校思政教育对大学生的政治素质教育相对突出，对他们的民主法治教育相对不足，这与社会主义政治文明进一步发展的需要是不适应的。在今后几十年，社会主义政治文明将会取得更大的发展。在这一过程中，高校思政教育应发挥强大的政治引导功能，强化对大学生的民主与法治教育，增强大学生的民主意识和法治意识，使之无论是在校期间，还是毕业以后，都能够有序、有效地参与社会主义政治事务。

（三）认识形势与政策

形势与政策教育是我国高校思政教育的重要内容和重要形式，无论是帮助大学生正确认识国内外形势，掌握党和国家的路线、方针和政策，还是培养学生正确运用马克思主义的思想观点分析问题、解决问题的意识，以及开阔学生视野、拓宽学生知识面、弘扬科学精神等方面，形势与政策教育都显示了其独有的作用与地位，其受重视程度也随着时间的推移、形势的变化而不断得到提升。从提出形势与政策教育应当列入教学计划，到决定在高校思政教育课程中设置形势与政策课程；从把形势与政策课程的管理纳入思想品德课的课程管理体系、列入大学教育全过程、规定保证平均每周不少于一学时、实行学年考核制度、成绩列入学生成绩册，到对高等学校学生形势与政策教育的地位、作用、做法等提出了更加明确、更加系统、更加规范的意见，我们不难看出党和国家对加强高等学校学生形势与政策教育的重视程度。

高校开展形势与政策教育，应坚持以马克思列宁主义、毛泽东思想、邓小平理论、“三个代表”重要思想和科学发展观为指导，深入贯彻习近平新时代中国特色社会主义思想。

在形势与政策教育方面，高校要着重进行改革开放和现代化建设成就教育。改革开放以来，我们党带领全国各族人民，高举中国特色社会主义伟大旗帜，战胜各种困难和风险，开创了改革开放和现代化建设的新局面，深刻地改变了中国的面貌，具体表现为：经济实力显著增强、市场经济体制逐步完善、人民的生活水平大幅度提升、民主法治建设不断发展、文化更加繁荣、社会更加和谐、国防和军队更加强大、国际地位日益提高、党的自身建设稳步深入。中国的发展不仅使中国人民稳步地走上了富裕安康的广阔道路，还为世界经济发展和人类文明进步做出了重大贡献。当代大学生出生并成长在改革开放的年代，通过形势与政策教育，不仅要使他们充分认识到我国发展的成就和大好形势，进一步树立民族自信心和自豪感，更要使他们深刻懂得改革开放以来我们取得一切成绩和进步的根本原因——开辟了中国特色社会主义道路，形成了中国特色社会主义理论体系，确立了中国特色社会主义制度，发展了中国特色社会主义文化，从而坚定其在中国共产党领导下走中国特色社会主义道路的信心和决心。

我国的政治经济形势在主流上是健康向上的，但是我们从事的是前无古人的事业，没有现成的经验可供借鉴，我们在国内外还面临着这样或那样的困难，这注定了我们前进的道路不可能是平坦的。因此，必须对广大学生进行形势政策教育，使他们能够正确地看待当前的形势，看到形势的主流和健康的发展趋势。更为重要的是，我们党根据当前形势所采取的政策和措施，需要通过教育和学习的途径，为广大知识青年所掌握，以增强他们对社会主义事业必胜的信心。因此，形势与政策教育作为高校学生思政教育的重要内容，作为高校思政理论课的重要组成部分，在高校思政教育中担负着重要使命并具有不可替代的重要作用。因此，加强对大学生的形势与政策教育，是高校思政教育的重要内涵。

（四）做好高校日常事务中的思政教育

高校的思政教育是一项长期的工作，不可有丝毫的松懈。为此，高校的思政教育必须做宽、做细、做深、做久，使之变成大学生日常生活的一部分；必须时刻关注大学生日常学习与生活中出现的每一个实际问题，力争将高校思政教育与大学生的学习与生活紧密结合起来，使高校思政教育无处不在、无时不有，这就是高校思政教育的生活化。注重日常生活中的思政教育，是高校思政教育的重要内涵。

大学生的日常生活是丰富多彩的，高校的日常事务是纷繁复杂的。做好高校日常事务中的高校思政教育，需要从多个层面入手。首先，课堂教学是高校基本的实践活动。要充分发挥思政理论课在高校思政教育中的主渠道作用，同时，充分发挥哲学社会科学课在培养大学生的人文精神中的作用，以及各类自然科学课程在培养大学生的科学精神中的作用。其次，学生日常事务管理是高校正常运行的重要环节。要在学生日常事务管理中渗透思政教育，实现管理与教育相结合，需要加强制度建设。制度化是任何工作走向正规化、科学化的必经之路。高校日常思政教育制度化，既包括日常管理工作制度化，也包括专职队伍建设的制度化。再次，丰富多彩的校园文化是大学生日常生活的重要组成部分。只有加强校园文化建设，才能为大学生的成才创造良好环境。校园文化建设首要的是加强校风、教风和学风建设，重点在于培育民族精神和大学精神，形成有自己学校特色的教风和学风。高校要通过开展丰富多彩的活动，寓教于乐、寓学于乐，以喜闻乐见的方式把高校思政教育融入大学生的学习和生活之中。最后，网络已经融入大学生的生活，它以信息量大、杂等特点深刻地影响着大学生的生活方式和思维方式。为此，要切实加强校园网络建设，重点建设好集思想性、知识性、趣味性、服务性于一体的主题教育网站，建立一支思想水平高、业务能力强、熟悉学生特点的网络高校思政教育工作队伍和网上评论员队伍。高校的网络工作者要密切关注校园网的动态，留意学生关心的话题，并注意加强正确的引导，牢牢掌握网上高校思政教育的主动权，使网络成为高校思政教育工作的重要领地。

第二节　大学生思政教育的基础理论

一、思政教育学的理论基石——马克思主义哲学

（一）辩证唯物主义

1. 物质与意识

世界的唯一的本原是物质，意识是物质世界长期发展的产物。物质和意识的关系是：物质决定意识，意识反作用于物质。它们之间的关系对思政教育学具有以下指导作用。

（1）思想是人脑的机能，是人脑对客观物质世界的反映

意识是物质世界发展到一定阶段出现的精神现象，它是社会性的劳动、语言和人脑的必然产物。大脑是意识的器官，但它不会自动产生意识。只有当客观物质世界的事物、现象通过感觉器官作用于大脑，当大脑和物质世界发生联系之后，意识才会产生。人的思想同样是人脑的机能，它的内容直接或间接地来源于客观世界，是人脑对大脑之外的客观物质世界的反映。按其形式来说，人的思想是主观的，具有间接性和抽象性的特点，表面看来似乎远离了客观世界，但实际上，它仍然来源于客观世界，它的内容仍然是客观的。既然如此，我们在认识和改造客观

世界的活动中，一定要在科学的唯物史观指导下，透过事物的表面现象，深入事物的内部，把握其本质和规律，如此才能获得正确的思想。

(2) 思想对物质世界具有能动作用

思想的能动作用表现为：一是思想活动的目的性和计划性。人们在反映客观对象时，总是有一定的动机、目的、活动方式和活动步骤。这些都体现着思想活动的目的性和计划性。二是思想活动的能动创造性。思想不仅能反映物质世界的现象，还能揭示物质世界的本质，认识物质世界的运动变化的规律。三是思想活动对客观世界的改造作用。思想能够支配行为去改造物质世界，把观念的东西变成现实。世间一切文明的成果，都是人们在一定思想支配下，通过实践活动改造物质世界的结果。

2. 唯物辩证法

唯物辩证法是内容极其丰富完整的理论体系，而普遍联系的观点和发展变化的观点则是它的总特征，对思政教育活动的开展和思政教育学的学科建设具有重要的指导作用。

(1) 唯物辩证法关于普遍联系观点的指导作用

世间一切事物都不是孤立存在的，各事物之间总是相互联系、相互依赖、相互制约和相互作用的，整个世界是一个相互联系的整体。任何事物都是这个统一联系网络上的一个环节，并通过它体现出联系的普遍性。每一具体事物，总是在一定条件下才能产生，在一定条件下才能发展，又在一定条件下趋于灭亡。而且，事物存在、发展乃至灭亡的条件总是具体的、多种多样的。

(2) 唯物辩证法关于事物运动、变化、发展的观点的指导作用

运动是指事物不断地变动，不会永远停留在某个固定点上；变化是指事物在变动过程中既有数量的增减，也有质的飞跃；发展是指事物总是由低级向高级、由简单到复杂转变。它们三者相互贯通，相互包含，有时还可相互代用。

事物的运动、变化、发展同事物普遍联系密不可分。没有事物之间

的相互联系、相互作用，就不可能构成事物的运动、变化。事物的运动、变化、发展同事物的普遍联系不可分割。

（二）历史唯物主义

历史唯物主义是在社会历史领域中运用唯物主义和辩证法去探讨社会发展的一般规律的科学理论。

1. 社会存在与社会意识关系理论的指导作用

社会存在和社会意识的关系问题是社会历史观的基本问题。社会意识是社会的精神生活现象的总称，它包括人们的政治观点、法律观点、道德、艺术、科学，以及风俗习惯、社会心理等。社会存在决定社会意识，社会意识反作用于社会存在。

2. 人民群众是创造历史的动力理论的指导作用

历史唯物主义认为，人民群众是推动社会历史车轮前进的动力。首先，人民群众是社会物质财富的创造者。人类要生存和发展，就要有吃、穿、住、用等必需的物质生活资料，人们若不首先获得这些物质生活资料，就谈不上从事政治、科学、艺术等其他社会活动。而保证人类生存和发展所需要的物质生活资料都是人民群众创造的。其次，人民群众在创造社会精神财富方面发挥着重要作用。科学的产生和发展根源于和依赖于人民群众的生产经验。最后，人民群众是社会变革的决定力量，在创造历史的过程中起着决定性作用。

二、思政教育学的理论指南——人的全面发展学说

（一）人的全面发展学说的基本要义

1. 人的发展社会化

人的全面发展，就整个人类社会而言，就是人从必然王国走向自然王国的过程，它强调的是人的社会化程度，即整个人类在经济、政治、文化各方面的全面发展，社会物质文明和精神文明高度而协调地发展。没有整个社会的全面发展，没有人的社会化程度的提高，人就不可能得到全面的发展。

2. 人的发展个性化

作为个体的人在各个方面的全面发展指的是：物质生活和精神生活全面而协调地发展，世界观、人生观和价值观的全面发展，身体素质和心理素质的全面发展，体力、智力的全面发展，人的才能的多方面发展，个人社会关系的高度丰富和发展等。社会历史的规律本质上就是人的活动规律，它是在人类的历史活动中实现的。人类越来越自觉地推动社会的进步，这使得人的全面发展逐步由可能变为现实。

3. 人的发展互动化

人的充分自由发展不仅不影响他人的自由而全面的发展，相反，他人的自由而充分的发展是自己发展的前提和补充。由于每个人的自由而全面发展必然要与他人的发展和人类社会的发展相一致。马克思主义关于人的全面发展，实质上也是人和人、人和社会之间发展的互动化。

（二）人的全面发展是思政教育的价值旨归

思政工作是做人的工作，思政教育从本质上讲是为推进经济发展和社会全面进步、促进人的全面发展提供精神动力和思想基础。

1. 正确认识全面发展的深刻含义，推进德育与其他诸方面互动，大力培养社会主义全面发展的一代新人

人的全面发展的内涵相当丰富，就其主要包括的内容讲，大致体现在以下几个方面：

第一，体力和智力的充分自由发展。体力是人的各种“自然力”，也就是人体的机能（包括人的脑、神经、肌肉、感官等）；智力（包括理解力、感悟力、判别力、灵感、智慧等）则是精神方面的统一体。人的体力和智力是人的全面发展的主要内容，是人从事一切活动的身心基础。

第二，人的才能的多方面发展。人的体力和智力是人的身心潜能，这种潜能只有在社会实践中外化出来，转变为具体的活动能力，才能创造财富。这是人作为改造社会、改造客观世界的主体所必备的条件，也

是人所特有的能动创造性。

第三，个人社会关系的高度丰富发展。人不仅是自然界长期发展的产物，还是社会劳动的产物。个人社会关系包括个人同他人的关系、个人同社会的关系、个人同自然生态的关系等。过去，我们在培养全面发展的一代新人时，比较注重人的政治思想和道德文化素质，其他方面相对来讲关注得不够。根据马克思主义人的全面发展的理论，人的全面发展的内涵和外延要比我们过去的认识深刻得多，丰富得多。

2. 既立足现实又高于现实，推进人和社会互动，确定学校思政教育工作的原则要求

马克思揭示的这条人和社会互动的客观规律，为新时期思政教育工作的原则要求提供了客观依据。一方面，我们要承认人的思想道德水平受社会经济、政治和文化发展水平的制约。在社会主义初级阶段，对思想觉悟、道德水准和人的素质教育要求，要从初级阶段这个大的背景出发，从现有的经济、政治和文化的发展条件出发，坚持教育目标与之相一致。另一方面，我们又要根据社会意识相对独立的特点，坚持先进文化的前进方向，坚持用社会主义的理想、文化和纪律教育和引导社会成员，提高社会成员的道德水平和精神境界，培养和造就全面发展的一代新人，动员和激励青年一代为创造美好的新生活而努力奋斗。

3. 面向大多数开展好思政教育工作，推进个人与他人互动，创设人与人之间互助合作的人际环境

每个人的自由发展是一切人的自由发展的条件，是马克思主义关于人的全面发展的一个重要的观点。根据这一理论，只有每个人自由充分地发展，才能真正实现人的全面发展；只有每个人的物质、精神和文化的社会化程度得到提高，才能推动整个社会经济发展和全面进步。就如同坚持科技兴国的发展战略必须大力提高全民族科技文化水平一样，人的全面发展也需要以无数个人的充分而自由的发展为前提，而且个人的发展不是以妨碍或牺牲他人的发展为代价的，而是以推动和促进他人的

发展为前提和条件的。这为我们每个人做到全面发展，建立社会主义的新型人际关系环境，提供了内在的动力和机制，这也是我们社会主义制度优于资本主义制度的本质之一。

4. 转变人的思想时，推进内外因素互动，促进消极因素向积极因素转化

马克思主义关于人的本质的科学观点，为我们分析人们的行为和转化思想提供了一把“金钥匙”。一般来说，思想是客观存在的反映，人的思想和行为表现，是现实中各种问题在其身上的折射和影响，而人又处于运动不息的大千世界之中，社会的和家庭的、历史的和现实的、国内的和国外的、经济政治和科技文化中的各种信息和问题，都会以各种方式和渠道潜移默化地影响人们的思想，支配着人们的行为。因此，思政教育工作者在对人们进行思想教育、行为引导时，不能以偏概全、线性直观，而必须实事求是、开阔眼界，从人是社会的人，人是一切社会关系的总和这个现实出发去分析，找原因，只有这样，才能找准问题的症结，有针对性地开展思政教育和行为引导转化工作。

社会主义和谐社会，从经济层面看，是在国民经济健康快速发展、国家综合实力不断增强的基础上，人民生活水平普遍提高、生活相对安康的社会；从社会层面看，是社会结构和利益格局比较合理，能够保证社会基本公平和正义，绝大多数人能够分享改革和发展的收益，具有较完善的社会保障体系的社会；从政治层面看，是社会主义物质文明、政治文明和精神文明协调发展，社会主义民主政治比较健全，社会管理体制不断创新和完善的社会，是政通人和、稳定有序并且充满活力的开放社会；从法制层面看，是法制健全、社会秩序良好和人民安居乐业的社会，是政府依法治国、组织和个人依法行事、社会关系依法调节、人们和谐相处的社会；从文化层面看，是社会团结、文化繁荣、诚信友爱、道德风尚良好、人们心情舒畅、社会各方面能够形成基本价值认同的社会；从其他协调发展层面看，也是人与自然能够和谐相处，对外开放与国内发展能够相互促进的社会。

第三节 大学生思政教育的必要性

一、科教兴国、人才强国战略的需要

大学生是十分宝贵的人才资源，是民族的希望，是祖国的未来。因此，加强和改进高校思政教育，提高大学生的思政素质，把他们培养成中国特色社会主义事业的建设者和接班人，对于全面实施科教兴国和人才强国战略，确保我国在激烈的国际竞争中始终立于不败之地，确保中国特色社会主义事业兴旺发达、后继有人，具有重大而深远的战略意义。

所谓科教兴国，就是在科学技术是第一生产力的理论基础上，坚持教育为本，把科技和教育摆在经济、社会发展的重要位置，增强国家的科技实力及向现实生产力转化的能力，提高全民族的科技文化素质，把经济建设转移到依靠科技进步和提高劳动者素质的轨道上来，加速实现国家的繁荣昌盛。所谓人才强国，其核心是人才兴国，依靠人才兴邦，大力提升国家核心竞争力和综合国力。

科教兴国和人才强国战略的制定和实施，是从当代世界和中国深刻变化着的实际出发，根据党和国家事业发展的迫切要求而做出的重大决策。自从实行改革开放政策以来，“中国速度”成为世界经济发展的一大奇迹，中国经济的持续发展令世界瞩目。而随着经济的发展和改革的深入，经济社会发展对人才的需求也急剧增长，人才问题成为国家发展的重大问题。我们党科学分析和总结世界近代以来特别是当代经济、社会、科技发展趋势和经验，并充分估计未来科学技术特别是高技术发展对综合国力、社会经济结构、人民生活和现代化进程的巨大影响，在分析我国国情基础上意识到，要实现国民经济的持续、健康、快速发展，尤其是加快经济增长方式的转变，必须依靠科技进步和人才的培养。

科教兴国和人才强国战略的实施，是关系到民族未来和国家发展的基础性工程，对加快社会主义现代化建设，不断把中国特色社会主义事业推向前进，具有极其重要的意义。而无论是科教兴国战略还是人才强国战略，都强调人才的作用，都要求尊重知识、尊重人才。人才不仅影响经济发展大局，也影响政治发展大局。人才是科技进步、国家繁荣、经济社会发展的第一资源，人才问题关系到党和国家的兴旺发达和长治久安，对待人才问题不仅要有具体的培养、考察、使用政策，更要有政治远见。培养同现代化要求相适应的数以亿计的高素质劳动者和数以千万计的专门人才，发挥我国巨大人力资源的优势，关系21世纪我国社会主义事业的全局。

全面实施科教兴国和人才强国战略，都强调教育的基础地位，都要求将教育摆在首位。科技的进步靠人才，人才的培养则靠教育。无论是培养高素质的人才，还是提高整个民族和国家的创新能力，教育都发挥着不可替代的作用。教育也是我国追赶发达国家，实现经济社会的跨越式发展的基础性事业。百年大计，教育为本。教育是社会主义物质文明和精神文明建设极为重要的基础工程。它对提高全体人民的思想道德素质和科学文化素质，对培养一代又一代社会主义事业接班人，具有重大的战略意义。

而实施科教兴国和人才强国战略，无论是重视人才，还是强调教育，加强思政教育成为题中应有之义。科技的发展需要高素质的人才，其中最为根本的一条是思政素质；我们培养的人才是德智体美劳全面发展的人才，思想道德素质是重要的方面。同样，教育事业，既包括知识和技能的培养，也包括思政素养的提高；教育作为一项系统工程，既包括科学文化知识教育，也包括思政教育。从这个意义上来说，加强思政教育就是实施科教兴国和人才强国战略的重要内容。

大学生作为国家宝贵的人才资源，是建设创新型国家的强大依托，是实施科教兴国的生力军，是祖国的未来和民族的希望，是中国特色社会主义事业的建设者和接班人，同样也是各种外来力量和意识形态竞相争取的对象。正因为如此，加强大学生思政教育在整个科教兴国和人才强国战略中就显得尤为重要。

尤其是当今世界正处在大发展、大变革、大调整时期，在以信息科学、信息技术为主要标志的世界范围内的技术革命正在形成新的高潮，科技进步日新月异，当今的国际经济、科技竞争，越来越围绕人才和知识的竞争展开。当今和未来世界的竞争，从根本上说是人才的竞争，大学生是未来社会主义现代化建设的中坚力量，能否培养好、使用好、凝聚好他们，就成为影响国际竞争的重要因素。

二、社会主义制度的内在要求

思政教育作为一项意识形态实践，普遍存在于阶级社会的一切国家和一切历史发展阶段，无论在名称和称谓上有何区别，作为一项社会活动它都是客观存在的。中国的革命、建设和改革开放事业中同样如此，必须时刻注意社会主义意识形态的教育。事实上，我们党也正是按照这种要求来实践的。在马克思主义中国化的历史进程中，中国共产党一直注意加强思政教育，从未放松。

三、大学生自身健康成长的内在需要

思政教育工作存在的理由从根本上讲来自人和社会发展的需要，是个人健康成长和社会顺利发展必不可少的工具。

人作为类的本质属性一般由生物性、社会性、精神性三个基本维度来界定。人首先是生物性的存在，在这方面，人和其他生物有更多的相似性，这种生物性的存在需要物质能量的供应，这主要涉及人与自然的关系，为此人类要从事物质生产活动，需要不断发展科学技术，提高自身的工作效率，尽量从自然中获取更多的物质能量来支撑人类自身的生存和发展；同时，生物性的人也具有一般动物的不少特性，往往追求自身生理本能需要的最大化。但每个人能力的有限性使人类必须社会性地生存。就单独的个人来讲，具有自身难以克服的局限性，其改造自然获取能量的能力有限，必须结合成群体才能更好地生存；同时，在一定时空下，物质资源的稀缺性往往与人类需要的丰富性产生冲突，从而产生了个体需要与群体需要之间的矛盾。如何处理好个人与他人、个人与社会、个人与民族或国家的关系，内在地要求每个人在成长过程中必须时时面对这一问题，这既关乎利益的分配问题（严格来说属于政治问题范畴），也关乎伦理道德的修养问题。能否正确把握群己关系的知识，决定一个人能否健康顺利地成长。然而历史上积累的人生知识、科学技术和种种智慧等，不能够通过生理遗传而得，只能通过后天的学习和实践活动获得。这就内在决定了思政教育工作存在的合理性。

另外，人和一般动物的根本不同之处在于人类具有精神性，具有高智商的人不会满足于填饱肚子，还一直寻求生活的意义。每个人都需要有理想和信仰，追求自尊和自由，渴望独立。然而，理想和信仰的建立和实现，自尊、独立与自由的获得，取决于众多的条件，其本身也是一个理论创新的过程。符合人类社会发展规律的理论体系是通过艰辛的理论创新过程形成的，同时也必须通过社会化的过程，内化为社会每个成员的自觉追求，这自然离不开思政教育工作。

处于青春期的大学生自尊心强、好胜心强，也具有摆脱权威、追求独立的一面，这些都是青年人的优点，是青年大学生追求上进、敢于创新的基础。但青年大学生也有许多自身的局限：长期在封闭的校园中成长，对社会了解较少，没有生活挫折的历练，对人生应该具备的相关知识了解不多、体悟不深等。因此，青年大学生需要更为系统深入的世界观、人生观教育，将人之所以为人的本质要求化为自己内在的要求。所以，针对青年大学生的实际状况，加强高校思政教育工作，是确保大学生顺利成才的重要一环，不可缺少。未来的社会需要越来越多的全面发展的高素质的人才，公平竞争意识、团队合作精神、民主法治精神、百折不挠的意志等，成为21世纪青年大学生走向成功的必备素质。高校一定要改变过分重视专业学习，忽视理想教育、政治教育、道德教育、心理教育的不良现象，为学生成为合格的社会主义建设者奠定坚实的基础。

（一）塑造个体人格

人格乃是具有不同素质基础的人，在不尽相同的社会环境中所形成的意识倾向性和比较稳定的个性心理特征的总和。简言之，就是做人的规格。人的规格有高有低。所谓塑造理想人格，就是有意识地创造人们共同景仰的人格范型，引导人们攀登崇高的道德目标。人格包括人的认知能力特征、行为动机特征、情绪反应特征、人际关系协调程度、态度信仰体系、道德价值特征等。人格不仅控制着人的行为方式，还决定着人的发展方向。思政教育者通过一系列传导理论和实践活动方式，促使受教育者形成社会所要求的品格、思想境界、道德情操等。这样，思政教育者把外在的社会要求转化为受教育者的动机和意识，然后再由受教育者将这些动机、意识转化为自身的外在的行为和行为习惯。为了促成这两个转化，思政教育者必须不断研究社会要求与人格完善需要之间的关系，研究内化的具体条件，为进一步促进个体人格的完善提供良好的基础条件。中共中央、国务院《关于进一步加强和改进大学生思想政治教育的意见》明确把培养什么人、如何培养人作为高校工作的根本任务，这就要求我们站在全局和战略的高度，充分认识高校在加强党的执政能力建设中所肩负的重要使命，努力探讨新形势下教育发展的新规律，牢牢掌握社会主义人才培养工作的主导权，为实现中华民族伟大复兴贡献力量。

（二）提高整体素质

提高大学生素质，培养合格人才，是办人民满意的大学的重要目标。提高大学生素质的核心是提高大学生的政治思想素质，这是培养社会主义事业的合格接班人的关键。思政教育工作是社会主义政治文明建设的重要保证，这种保证作用主要体现在：第一，思政教育通过长期的、经常的爱国主义、集体主义、社会主义教育，可以提升人们的思政素质，为巩固社会政治制度、维护社会政治稳定服务。第二，思政教育通过提高人民群众的政治觉悟，培育人民群众的民主意识，增强人民群众的法治观念，增强人民群众的政治责任感，引导人民群众参与政治生活，建设社会主义民主政治。第三，思政教育通过建立制度防范机制，创新民主管理机制，健全完善民主集中制，提高民主管理水平，完善监督制约机制，推进社会主义民主政治的发展。

第四节 大学生思政教育的特征和内容

一、高校思政教育的特征

研究和把握当代大学生思政教育的特征，是对大学生思政教育内涵的补充，也是搞好大学生思政教育的关键环节。

（一）政治性——明确正确的政治方向

作为社会主义制度国家，我国思政教育的政治性表现在以下三个方面：①我国思政工作的出发点和落脚点是实现好、维护好、发展好最广大人民的根本利益，尤其是广大工人阶级和农民阶级的利益。②反映和巩固社会主义制度。思政教育能使我国改革开放和现代化建设沿着巩固社会主义制度的方向发展，有利于促进经济、政治、文化、社会、生态等各方面制度的创新、发展和完善。③宣传党的纲领、路线、方针和政策，维护民主集中制和党的纪律，坚持思想建党和制度治党相结合。

（二）时代性——跟紧时代的步伐，与时俱进

思政教育的时代性，就是要把握时代脉搏，与时俱进，不断地推进思政教育理论创新。时代的不断发展，使思政教育的时代性成为思政教育工作者需要一直面临的问题。时代的不同，决定了思政教育的目标、内容和方法也不尽相同。恩格斯指出：“每一个时代的理论思维，以至我们时代的理论思维，都是一种历史的产物，它在不同的时代具有完全不同的形式，同时具有完全不同的内容。”思政教育的时代性要求思政教育要在关注时代发展的基础上，根据不同形势下的经济社会发展状

况，既要在理论上进行创新和发展，又要使思政教育实践与理论相一致。时代的发展，也必将出现新的特征和发展趋势，思政教育要把握时代发展潮流，体现时代特点，不断地对思政教育理论进行创新和发展，使思政教育时代性体现在理论和实践的过程中。

大学生思政教育也具有鲜明的时代性特征。这一特征主要体现在对当前党的路线、方针、政策以及这些内容的理论来源和现实依据的及时更新。因此，我国的思政理论教育内容必然包括马克思列宁主义、毛泽东思想和中国特色社会主义理论体系、社会主义核心价值观等内容。而这些内容的学习要与当今理论发展保持一致，对大学生理解理想信念教育、爱国主义教育、人生观教育、道德理论教育、生态文明教育等具有现实意义。思政教育只有融入时代的理论内容，才更具生命力，才更容易被大学生所掌握。

（三）实效性——切实做到以学生为本

大学生思政教育的实效性可以理解为，高校按照大学生思政教育目标和教育内容的要求，结合高校思政教育的特点，发挥高校思政教育功能，对大学生开展思政教育活动，提升思政教育结果（即大学生思政素质、道德品质和心理素质）与思政教育结合程度，使大学生思政教育的各项任务落到实处，真正做到以学生为本，把以学生为本的思想贯穿于高校思政教育工作的始终，秉着一切为了大学生全面发展和健康成长的理念，从大学生的个性成长和实际需求出发，有针对性地做好大学生思政教育工作。

1. 要转变观念，树立以学生为主体的理念

大学生思政教育的根本目的，就是促进大学生的成长成才。因此，大学生思政教育必须确立以学生为中心的思想，充分尊重学生的主体地位和个性特征，摒弃过去那种忽视学生个体差异，采取居高临下、空洞冗长的说教式、灌输式思想教育的方法；要在贴近学生实际、深入了解学生各方面情况的基础上，找准教育引导的切入点和着力点，从大学生

的个性发展和实际需求出发，有针对性地做好大学生思政工作。

2. 要把大学生内在的积极性和主动性调动起来

大学生思政教育工作就是将作用于大学生身上的外部压力转化为大学生的内部压力，而完成这种转化，不能仅仅依靠教育者的努力，更需要依靠学生的自我感悟和自我教育。所以，按照教育与自我教育相结合的原则，大学生思政教育工作的各项措施都要符合当代青年学生的心理需要，体现以学生全面发展为本的理念，在发挥好学校教育引导作用的同时，培养学生积极主动的人生态度，能动地实现学生自我学习、自我教育、自我提高的目的，促进学生全面发展、健康成长。

3. 高校思政教育要满怀关爱与责任

高校思政教育既要教育人、引导人，又要关心人、帮助人。高校思政教育工作者要对学生倾注更多的关爱和支持，多些理解和尊重，以满腔热情积极帮助解决学生面临的各种实际问题；要切实树立一切为了学生、为了一切学生、为了学生的一切的意识，做到急学生之所急、办学生之所盼。

4. 根据不同层次学生的实际，建立分层递进的思政教育目标

学生在面对没有层次性的、过高的目标要求时，很容易出现混乱的现象。因此，高校思政教育需分层次、有步骤地引导学生从低级向高级、脚踏实地地从基本的道德要求向较高的道德追求迈进。对于刚入学的新生，学校的教育重点应该是教育学生遵守学校的各种规章制度，遵守国家的法律、法令，以此约束自己的学习、思想和生活，在学习进步的同时，学会做人做事，恪守人格尊严。对于大二的学生，学校的教育重点是促使每一个学生集中精力学好每一门课程。对于大三、大四的学生，学校的教育重点在于鼓励每一个学生好好学习，同时，引导学生树立正确的就业观，积极倡导学生先就业、后择业、再创业。在整个大学阶段，除了每学年对学生进行侧重教育外，理想信念教育及世界观、人

生观、价值观的教育应贯穿于高校各个阶段教育的始终。

（四）针对性——提倡现实和个性

新时代高校思政教育面临的一个重要课题，就是如何引导大学生在复杂的社会环境中学会分辨，学会选择，健康成长。这就要求思政教育要有针对性，对不同的学生群体进行分类教育，绝不搞一刀切、一勺烩，而是在教育载体、内容和层次上有所区分和侧重，开展差异化、多样化思政教育。高校思政教育的最终目的是帮助学生掌握正确的立场、观点、方法，认清哪些是先进的、代表社会前进方向和人民根本利益的，哪些是陈腐的、有害的、即将衰败的，哪些是对社会主义制度和广大人民的利益以及对个人的成长成才有害的；帮助学生透过社会现象看本质，认识社会主义的强大生命力，把握社会主义社会的主流价值观。一旦学生有了辨真伪、明是非的能力，他们就不会惧怕复杂的社会环境，就能在复杂的社会环境中健康成长。

大学生除了学习书本知识外，还应该积极参加各种校内活动和社会实践活动，通过理论与实践的不断结合，逐渐丰富自己的知识，为走上社会打牢基础。对于高校来讲，要针对大学生心理和身心成长需求，在注重课堂教学的同时，组织好各种选修课和讲座，并邀请专家、学者讲授广大学生普遍关心的一些问题，丰富学生的知识面。对于家长和社会来说，要把对学生的定位要求同学校的各种教育很好地联系起来，既不另搞一套，也不能放任不管，更不能向学生灌输社会上的一些不健康的思想文化。学校、家长、社会要相互配合，通过校内外各种有针对性的思政教育活动，帮助广大青年学生走好他们成长中的每一步。

（五）科学性——根本方向和出路

1．指导思想要科学

高校思政教育要坚持以马克思列宁主义、毛泽东思想、中国特色社会主义理论体系为指导，全面落实党的教育方针，紧密结合“四个全面”战略布局的实际，以理想信念教育为核心，以爱国主义教育为重点，以思想道德建设为基础，以大学生全面发展为目标，解放思想、实事求是、与时俱进、求真务实，坚持以人为本，贴近实际、贴近生活、贴近学生。

2. 方法要科学

高校思政教育是在特定的环境下，在特定的群体中进行的。不同学校在培养目标、专业方向设置上是有很大的差异的，同时，同一专业中不同年级又各有不同的特点，同一年级的不同对象的思想品德状况又不尽相同。因此，思政教育方法的选择要充分考虑到这些情况。当然，从一般意义上来说，不管教育方法如何千变万化，思想教育的目标都是通过群体教育和个体教育、直接教育和间接教育的形式去实现的。因此，不论最后采取什么方法都应该从高校及学生的实际出发，有针对性地进行取舍。只有这样，高校思政教育才会事半功倍。

二、高校思政教育的内容

大学生思政教育内容是依据国家培养人才的目的、任务以及大学生精神世界的发展需要确定的。目前，大学生思政教育的主要内容分为理想信念教育、爱国主义教育、道德规范教育和全面发展教育四个部分。

（一）理想信念教育

理想信念教育是大学生思政教育的核心。理想信念是一种价值观念，是引领大学生健康发展的不竭动力。当代大学生作为中国特色社会主义事业的建设者和接班人，他们的理想信念状况直接影响着中国未来的进步和发展。高校思政教育中的理想信念教育正是帮助大学生树立正确的人生观、世界观和价值观，实现个人价值和社会价值的重要手段。高校通过对大学生开展马克思主义基本理论教育、党的基本路线教育、中国革命和建设的历史教育、基本国情和形势政策教育等内容，从根本上使其坚定不移地拥护中国共产党的领导、心系国家与民族发展进步、坚信中国特色社会主义道路的正确性；引导大学生自觉运用马克思主义的立场、观点、方法分析和解决问题，正确处理大学生活中的各种问题。加强和改进高校思政教育，以理想信念教育为核心，是马克思主义的内在要求，是意识形态建设的需要，是对中华民族优秀传统文化的传承和发展，是坚持社会主义道路，实现中华民族伟大复兴的必然选择。因此，理想信念教育成败与否，是衡量高校思政教育成败与否的标杆。

（二）爱国主义教育

爱国主义教育是大学生思政教育的重点。爱国主义是个人对自己祖国依存关系的集中反映，体现为深厚的爱国之情、自觉的报国之行和坚定的强国之志的有机统一。爱国主义精神也是衡量大学生思想道德素质的重要标准。爱国主义教育根据不同时代的特点，包含国家观、国家利益与安全观、民族文化与民族历史等内容。以大学生为代表的青年人群，是民族的未来和国家的希望，只有自觉地将人生价值、个人理想与国家和民族的前途、命运紧密相连，继承和发扬中华民族的优良传统，不断报效祖国，服务人民，才能真正实现人生价值和社会价值。但在文化冲突碰撞、社会价值观多元存在的今天，高校不仅应增强大学生的爱国意识，还应警惕不让大学生的爱国行为走上极端。所以，高校要重视爱国主义教育，培养大学生的爱国主义情感，坚定大学生的爱国主义信念，实现大学生爱国行为由自发状态向自觉状态的转变；同时，引导大学生理性看待和分析敏感事件背后的深层次原因，教育大学生正确表达爱国情怀，切实增强大学生的理性爱国能力。

（三）道德规范教育

道德规范教育是大学生思政教育的基础。高校要培养大学生健康的道德情感和持续的道德践履能力，使其形成社会所需要的以为人民服务为中心、以集体主义为原则的社会主义道德品质。道德规范代表了一种理性的社会导向，大学作为大学生进入社会的关键环节，应使大学生的道德主体性朝着正确的方向发展，借助理性思想，节制自身的欲望，适应社会的需要，不断将道德思想外化为道德行为，正确协调各种社会活动和社会关系。不论是个体还是群体，在社会中都必须遵守爱国守法、明礼诚信、团结友善、勤俭自强、敬业奉献的公民基本道德规范。对于大学生而言，应做到以下几点：热爱祖国，自觉履行公民义务，积极学习法律知识；信守诺言，大方得体，与同学间相互关爱、相互鼓励；保持勤劳节俭之风，热爱自己所学的专业，努力学好专业知识；敢于担当，乐于奉献，用严肃认真的态度对待自己的生活，养成良好的道德品质。

（四）全面发展教育

全面发展教育是大学生思政教育的目标。人的全面发展是以“人”的幸福为目的而实现的充分发展、自觉发展和相对发展。实现人的全面发展是马克思主义的根本要求，高校思政教育要以马克思的人的全面发展理论为基础，服务服从于大学生的全面发展。一要全面认识学生的需要，因需利导，讲其所想，坚持科学文化和思想道德的全面教育；二要引导大学生树立正确的竞争意识，培养其合作意识，使其在积极投身于集体活动和社会实践的过程中完善、充实自己；三要重视培养和发展学生的能力，科学认识和分析学生的个性，增加互动式、启发式、辩论式等灵活的教学方式，有选择、有针对性地帮助学生在共同教育的基础上实现个性发展。

第二章

高校大学生心理健康教育概述

第一节　大学生心理健康教育的内涵与标准

一、心理健康教育的内涵

心理健康教育，有时简称“心理教育”或“心育”，是指根据个体心理发展的规律与特点，运用各种教育方法与手段，有目的、有计划地对个体心理素质的各个层面进行积极主动的辅导与教育，以促进其心理素质的提高与发展，维护其心理健康的教育。

从内容来看，大学生心理健康教育包括两项基本任务：一是培养学生的心理素质，通过发展、提高学生的心理素质，助其在学业等方面获得成功；二是维护学生的心理健康，使其适应社会与环境，健康地成长。这两项任务是相辅相成的。

从性质来看，心理健康教育包括发展性教育和补救性教育。发展性教育主要是有计划、有目的地对学生的心理素质的各要素及各层面进行积极主动的辅导与培养，促进学生心理素质的不断优化、提高和发展。补救性教育则主要是对在心理方面出了问题的学生进行辅导与帮助，使之克服成长中的障碍。在实际的心理教育过程中，我们应以发展性教育为主。当然，这两种教育常常交织在一起，难以分开。

二、心理健康的标准

心理健康包含“心理健康是什么”和“怎样才是心理健康”两个方面，前者回答心理健康的研究内容是什么，后者回答心理健康的标准是什么。

美国心理学家马斯洛（Maslow）和米特尔曼（Mittelman）提出的心理健康的十条标准，被公认为是“最经典的标准”，主要包括以下几个方面：

第一，充分的安全感。

第二，充分了解自己，并能对自己的能力进行适当的估价。

第三，生活的目标切合实际。

第四，与现实的环境保持接触。

第五，能保持人格的完整与和谐。

第六，具有从经验中学习的能力。

第七，能保持良好的人际关系。

第八，适度的情绪表达与控制。

第九，在不违背社会规范的条件下，对个人的基本需要作恰当的满足。

第十，在集体要求的前提下，较好地发挥自己的个性。

三、大学生心理健康的标准

对于大学生心理健康的标准问题，我国不少心理学工作者都进行过研究。由于不同研究者心理观的不同，以及经验的差异，他们所提出的心理健康标准也不尽相同。综合不同学者的观点，我们认为大学生心理健康的标准应包括以下几个方面：

第一，智力正常。智力正常是人一切活动的最基本的心理条件。学习是大学生的主要任务，心理健康的大学生珍惜学习机会，求知欲望强烈，能克服学习中的困难，学习成绩稳定，能保持一定的学习效率，从学习中体验满足与快乐。

第二，情绪稳定，心境良好。情绪在心理健康中起着核心的作用。心理健康者能经常保持愉快、开朗、自信、满足的情绪，善于从生活中寻求乐趣，对生活充满希望。更重要的是，心理健康者的情绪稳定性好，具有调节控制自己的情绪以保持与周围环境动态平衡的能力。

第三，意志坚强，热爱生活，乐于工作。意志是人类能动性的集中体现，是个体重要的精神支柱。健康的意志品质往往具有如下的特点：目的明确合理，自觉性高；善于分析情况，意志坚韧、有毅力，心理承受能力强；自制力强，既有实现目标的坚定性，又能克服影响目标实现的干扰，不放纵任性。心理健康的大学生的意志活动指向现实的工作和生活，珍惜和热爱生活，积极投身于生活，能享受生活而不认为是重负，能从工作中获得满足和激励，并能从工作中积累知识经验，以使自己的工作更有成效。

第四，人格完整，悦纳自我。人格完整指人格构成要素平衡发展，所思、所言、所行协调一致。大学生人格完整具体表现为：既有积极进取的人生观，又能与社会的发展步调合拍，也能与集体融为一体。心理健康者能体验到自己的存在价值，能了解自己、接纳自己，能对自己的能力、性格做出恰当的、客观的评价，不会对自己提出苛刻的、不切实际的期望和要求。

第五，人际关系和谐，适应力强。良好的人际交往是维护心理健康的重要条件。心理健康的大学生往往能主动地与老师、同学交往，保持相对稳定的人际关系，能与社会保持良好的接触，一旦发现自己的需要和愿望与社会需要相矛盾时，能面对现实，迅速进行自我调节。

第六，心理与行为符合大学生的年龄特征。心理健康的大学生具有与大多数同龄人一样的心理与行为特征。如果一个大学生的心理与行为经常严重偏离自己的年龄特征，其心理可能存在问题。心理健康的大学生应该精力充沛、勤学好问、反应敏捷、喜欢探索，而过于老成、过于幼稚、过于依赖都是心理不健康的表现。

第二节　大学生心理健康教育的内容

心理健康教育的内容是目标的具体化，一定目标的实现是以心理健康教育的内容转化为学生自身的心理素质为条件的。确定心理健康教育的内容，实际上就是确定所要培养或训练的心理素质或心理特征。对于大学生来说，心理健康教育的主要内容包括以下几个方面。

一、环境的适应

对大学环境的适应是每一个大学生首先要面临的问题。大学生的许多心理问题都与刚入学时适应不良有关。因此，帮助大学新生尽快转变角色，适应大学生活，是大学生心理健康教育的重要内容。环境适应主要包括自然环境的适应和社会环境的适应两个方面。

二、正确认识自我

一般来说，心理问题都有其认知根源。不健康的心理往往来源于错误的认知，特别是错误的自我认知。大学生正处于青春期向成人期过渡的重要时期，也是自我意识发展和逐渐完善的重要时期。因此，帮助大学生全面了解自我、正确评价自我、积极悦纳自我、努力完善自我、建立健康的自我形象就显得十分重要了。

三、情绪的有效调节

情绪、情感是个体心理素质的重要部分。情绪稳定是心理健康的重要标准之一。心理健康教育能够帮助大学生正确认识自己的情绪，掌握自我情绪管理的技巧，有效地调节和控制自己的情绪，经常保持稳定和良好的情绪状态。

四、压力与挫折的应对

拥有承受挫折与失败的能力是一个人成功的重要条件。作为大学生，要想实现自己的远大理想和抱负，成为国家栋梁，就要磨炼自己的意志，提高自己的抗挫折能力。通过心理健康教育，大学生能够明白意志力和耐挫力对自己成长的意义，通过各种途径培养和提高自己的意志品质，学会分析压力和挫折产生的原因，形成对待挫折和失败的正确态度，掌握应对挫折和失败的合理方法。

五、学习心理指导

学习是大学生求学期间的主要任务，学业成就是大学生自我期望和社会对大学生角色期望的重要内容。会学习是时代对大学生的特殊要求。但是，从高中到大学，由于环境和角色的变化、学习目的和目标的变化，以及学习内容和方式方法的变化，许多大学生在学习方面产生各种各样的心理问题。因此，必须对大学生进行学习指导，主要包括：帮助大学生了解大学一般学习活动和专业学习活动的心理特点及规律；帮助大学生树立正确的学习目标，激发其学习兴趣和动机；帮助大学生掌握科学的学习方法，培养其创新意识和创新能力；等等。

六、人际交往指导

交往是人的基本需要。人际交往和人际关系既是心理健康的重要内容，也是影响心理健康的重要因素。良好的人际关系不仅可以稳定情绪，给人以安全感、归属感，还有助于个体个性的发展，有利于心理健康。大学生人际交往指导主要是帮助大学生了解人际交往的特点，使其正确认识人际交往的动机和人际交往的意义，树立积极健康的人际交往态度；培养大学生人际交往的意识和能力，帮助其掌握交往的方法和技巧；帮助大学生克服人际交往中的各种障碍；等等。

七、网络心理指导

网络给大学生带来了更广阔的发展空间，大学生已成为网络社会的主流群体。网络在交流、购物、通信等方面带给人们极大的便利，但其负面影响不容忽视——网络成瘾已对人们的身心健康产生了严重威胁。通过心理健康教育，大学生能够正确看待和积极面对网络文化；能够形成健康向上的网络情感和行为，建立良好的网络人际关系；能够增强网络法治意识，树立正确的网络伦理道德观念。

八、休闲心理指导

休闲是人的一种崭新的生活方式、生命状态，与每个人的生存质量息息相关。休闲活动是生活在节奏紧张、空间拥挤和竞争激烈的现代社会里的大学生身心健康的需要。通过心理健康教育，大学生能够树立正确的休闲意识和科学的休闲观，坚持正确的休闲活动原则，从而提高休闲能力和生活质量，实现自身的自由全面发展。

九、心理健康维护和心理疾病的防治

心理健康教育不仅要提高大学生的心理素质，还要帮助其维护心理健康和防治心理疾病。通过心理健康教育，大学生应能够了解心理健康的相关知识，树立正确的心理健康和心理疾病的观念，科学认识心理咨询和治疗的性质和作用，掌握一些心理调适和心理保健的方法。

第三节　大学生心理健康教育的理论借鉴

一、精神分析理论

精神分析理论是由奥地利著名心理学家弗洛伊德（Freud）创设的经典理论，其开创了心理咨询的理论先河，是心理咨询发展史上一个重要里程碑。精神分析理论为我们充分认识人的丰富多彩的内心世界、深刻领悟心理问题的根源提供了理论依据。

（一）心灵结构理论

弗洛伊德把人的整个心理活动区域分为三个部分：潜意识、前意识、意识。潜意识是个体不能感知和意识到的心理活动，往往包含着大量的与人的本能欲望、非道德冲动相联系的观念和经验；前意识是指潜意识中可召回的部分，即人们能够回忆起来的经验；意识则是个体能够直接感知到的心理活动。在弗洛伊德理论体系中，意识的地位并不重要，只是冰山露在海洋面上的小小山尖，而潜意识则是海洋面下那个看不见的巨大部分。人的心理活动中这三个区域所保持的是一种动态的平衡。潜意识中的本能冲动或动机欲望隐藏着巨大的生命能量和精神内驱力，它们积极活动，力求在意识的行为中得到表现，但因其为人类理智、社会道德和伦理规范所约束，只能以“合理化”的形式表现或被压

抑在潜意识之中，被压抑的东西不会消失，它们会形成各种心理症状并以各种形式外化出来。

（二）自我适应理论

弗洛伊德在潜意识理论的基础上构建了一个完整的人格模式，探讨了自我适应机制，以此展现了个体的人如何以本能冲动为基础和动力发展成为具有社会属性和文明标志的人的过程。弗洛伊德把人格分为本我、自我、超我三个部分。本我由一切与生俱来的本能冲动所组成，受“快乐原则”支配，寻求无条件的即刻的满足；自我代表理智和常识，受现实原则支配，力争既避免痛苦又获得满足；超我代表良心和自我理想，是人格中最文明、最道德的部分，追求至善至美。三者之间始终处于一种冲突—协调的矛盾运动中。对于三者的关系，弗洛伊德曾做了一个形象的比喻，他把自我比喻为一个仆人，认为自我和本我、超我及现实之间的关系是“一仆三主”的关系。自我既要反映本我的欲望，力求找到满足本我欲望的途径，又要接受超我的监督，按照一定的道德准则行为，还要反映客观现实，分析现实的条件和自己的处境，以促使人格内部协调并保证与外界的交往活动顺利进行。这样，受本我的推动，受超我的包围，受外界的感染，如果能够建设性解决问题，就不会产生情绪困扰，如果找不到解决问题的合适方式，自我就会产生强度不等的焦虑情绪，而为了避免紧张、自责与不快等焦虑反应，自我便会产生一套自我防御机制，以降低焦虑，自我保护。自我心理防御机制主要包括压抑、提升、文饰、升华、固着、退行等多种形式，这些表现形式在我们进行心理健康教育过程中是经常可以观察到的。

（三）心理健康理论

就健康观念而言，弗洛伊德认为，健康与不健康是一个连续谱，心理异常的人与心理正常的人之间并无本质的不同，健康人也存在压抑，在他们的内心中也存在着被压抑的冲动。

就实现方式而言，个人要实现心理健康可以从以下几个方面入手。

1．学会正视并接纳自己

能正视自己的本能、愿望和冲动，不是压抑而是尽可能用理性的眼光去看待，以社会和个人都能接受的方式妥善地表达和满足；学会接纳自己，即“人们的禀赋各异，承受、应付文化要求的能力各有其不同的限度。苛求于己，超过其本性所能承担，则将为神经症所苦。如果他们多容忍些自己的不完美，日子就会好过得多了”。

2. 学会爱

人的本质是社会性，人的需要和愿望只有在与他人的合作和共享中才能得到满足。学会爱自己、爱他人、爱社会，不但可以释放自己的能量，而且有利于建立起持久而巩固的合作关系，促进个人与社会的和谐发展。弗洛伊德学会爱的思想对于大学生心理健康教育有着重要启示。

3. 学会工作

弗洛伊德认为，如果一个人有能力从工作中获得快乐，他就可以通过内部的精神过程来寻求满足，从而获得健康快乐的生活。这与马克思“我的劳动是自由的生命表现，因此是生活的乐趣”的思想不谋而合。

精神分析的最大贡献不在其治疗方法，而在其理论的价值。精神分析理论对人类心理结构的剖析，使人们加深了对心灵世界的了解，进一步认识到心理活动的复杂性和多维性。弗洛伊德对于人格结构的研究，对焦虑产生及其自我防御机制的分析在今天依然充满智慧和启迪，其关于心理健康连续谱的观念，不但鼓舞了存在心理障碍的人，有助于人们消除对心理疾病患者的偏见甚至歧视，而且对处于正常状态的人也有所警示，同时也为人们提供了建设性解决心理问题的思路。

二、行为主义理论

行为主义以实证主义和实用主义为哲学背景，主张舍弃对无法直接观察和证明的一切内在心理活动的间接猜测，而只对看得见、测得到的外显行为做直接研究，推崇采用客观的实验方法进行严格的科学研究。

（一）刺激反应理论

该理论认为有机体行为的形成是一个刺激与反应的结果，不论是适应性行为还是非适应性行为都可以通过刺激—反应这一经典条件反射而形成。

（二）行为强化理论

该理论认为人类大多数可被观察到的行为都是通过操作性条件反射而形成的，行为的后果直接影响着行为发生的频率。如果后果是奖励性的，则该行为的发生频率倾向增加（即正强化）；如果后果是惩罚性的，则该行为的发生频率就减少（即负强化）。

（三）社会学习理论

美国心理学家班杜拉（Bandura）指出，人性的辉煌之处在于观察学习，并以此为核心提出了系统的社会学习理论。该理论认为，人类更多的行为不是通过条件作用而是通过示范、观察、模仿等途径获得的。特别是儿童，在其成长过程中，观察学习是他们行为形成的重要途径。社会学习理论为心理健康教育方式的发展提供了理论视角，对于大学生心理健康教育提供了理论依据。

（四）认知行为理论

认知行为理论是在对早期行为主义刺激—反应理论的批判基础上发展起来的。该理论认为外部刺激并不能直接引起个体的情绪和行为反应，在刺激和反应之间存在着复杂的认知过程，不同的认知导致不同的情绪和行为。即对人们行为产生影响的不是事件本身，而是人们对事件的认知、判断和评价，调整不良情绪和异常反应应从改变认知入手。因此，在心理健康教育的内容发展中，在强调相关能力培养的同时，对于有利于改变大学生认知观念的知识性内容也是不容忽视的。

行为主义理论一改传统心理咨询和治疗理论重视潜意识、意识等内在心理因素的传统，着眼于可以直接观察和检测到的人的外显行为，为人们探索心理咨询、心理健康事业提供了一个新的视野和角度。同时，行为主义理论在研究方法上所推崇的实证主义在一定程度上提升了理论研究的严谨性、客观性和科学性。但从行为主义理论整体来看，它奉行的是环境决定论，过分地夸大了环境因素的作用而忽视了人的主体性。行为主义的许多理论观点是在严格的实验控制下取得的，这些理论观点在特定环境下也许是正确的，但在复杂的现实环境中其可信度值得考虑。

三、人本主义理论

人本主义理论以正常人为研究对象，认为真正的心理学应该研究健康的正常人的心理，应该以人的价值、尊严、潜能、创造性、积极情感及自我实现等方面为研究内容；认为人的发展的自然倾向是在生活需要基本满足的基础上对人类高级需要或真善美等心理需要的追求。

（一）以人为中心的教育思想

美国心理学家罗杰斯（Rogers）是人本主义心理学的主要代表人物之一，他认为，每个人均有一种内在本然的实现趋向，这种实现趋向给人提供了强大的生存动力，促使个人探索环境、学习知识，并致力于追求更能充分发挥潜能、更让自己满意的生活方式。罗杰斯创立了来访者中心疗法，这种方法既不探究来访者的潜意识领域，也不企图改变来访者的行为反应，而是通过激发来访者主体内在的潜能促使其进行自我理解，改变对自我和他人的看法，产生自我指导行为。罗杰斯认为，在咨询中，来访者中心理应追求平等的咨询关系，以来访者为中心，重视来访者的主观经验世界并相信他们有自我实现的潜力。罗杰斯以人为中心的教育思想重新确立了心理咨询中咨询师与来访者的关系，使咨询教育由以往的咨询师运用心理咨询知识与技能解决来访者的心理问题转变为人与人的交流，更凸显了人的价值、尊严、需要、理解等人性要素对心理教育事业的独特意义。

此外，对于心理咨询人员的从业资格问题，罗杰斯也发表了自己的独特见解，他认为一个没有医学学位的人也能从事心理咨询，从而改变了长期以来人们认为只有经过专业训练的精神科医生才能从事心理咨询和治疗的看法，改变了当时心理咨询领域过分依赖心理测验甚至滥用心理测验的局面，极大地推动了心理咨询领域的拓展。

（二）自我实现的健康追求

美国社会心理学家马斯洛（Maslow）强调研究人之为人的“人性”，反对只研究人的“机械性”或“劣根性”。他认为，“研究有缺陷、发育不全、不成熟和不健康的人只会产生残缺不全的心理学和哲学，而对于自我实现者的研究，必将为一个更具普遍意义的心理科学奠定基础”。在马斯洛理论体系中，需要层次理论和健康人格理论是其重要组成部分。需要层次理论把人的需要从低到高依次分为五级，认为人的行为由动机所驱动，人的动机由需要所激发，人的需要是人的本性，各级需要既是依次排列的层级关系，又是一个连续统一体。需要层次理论认为，只有当优势需要得到基本满足后，更高的需要才会产生并支配人的意识生活。在需要层次中，自我实现的需要处于最高层次，它是人们渴求充分发挥自己的潜能、实现自身发展的需要，是人性的本然。

马斯洛将理想的心理状态称为自我实现，健康人格理论是马斯洛“自我实现者”的健康人格的具体表现：能准确地知觉现实并保持适意的关系；能接纳自然、自我和他人，有独处和自立的能力，有自己的信念和人生目标；能对许多的人生经验保持着常有常新的愉快体验，具有很强的道德感；等等。马斯洛的健康人格理论常被引作衡量人们心理健康的标准，但这些经典的标准并非孤立的特征，它们往往蕴涵着丰富而深厚的健康观念及教育内容。如具有很强的道德感就把理想的心理健康状态与伦理道德规范紧密联系起来。在马斯洛看来，心理健康的人在追求自己目标的过程中必然遵循一定的道德原则和伦理规范，他反对为了目标不择手段，呼吁人们以正当的方式追求自己的理想和价值。其实，道德感有很强的心理保健功能：人是社会的存在，人在社会生活中逐渐具备了强大的良知系统，当人按道德准则行事时，他的自尊、归属的需要就会得到满足，并伴有幸福感的体验。为了避免人们对自我实现的片面理解，马斯洛专门指出，自我实现者并不是完美无缺的人，而只是比其他人更接近完美而已。这样，对于自我实现的健康追求就更加真实具体。

第四节 大学生心理健康教育与德育、智育、体育的关系

大学教育的目标就是培养全面发展并能适应社会、政治、经济、文化发展需要的高素质人才。心理健康教育与德育、智育、体育一样，都是全面发展教育的重要组成部分。德育是使受教育者形成一定思想品德的教育，一般包括思想教育、政治教育和道德教育。智育是使受教育者掌握系统科学文化知识与技能，发展智力的教育。体育是使受教育者增强体质以及掌握相应知识与技能的教育。心理健康教育则是培养受教育者的心理素质，促进其心理素质的提高与发展，维护其心理健康的教育。可以说，它们之间既紧密联系、相互渗透，又相互独立。它们都有自己相对独立的体系，包括目标、内容、途径和方法。

一、心理健康教育与德育、智育、体育的联系

（一）终极目标上的一致性

人的素质是多方面的，德育、智育、体育以及心理健康教育等正是从不同的层面、不同的侧面对人的各方面素质进行教育和培养。它们最终的目标是一致的，即培养和提高学生的素质，促进学生全面、健康、协调地发展，使其更好地适应环境。

（二）任务上的相互促进

德育、智育、体育和心理健康等都是教育的有机组成部分，它们之间相互作用、紧密联系。德育对受教育者各方面素质的发展具有导向和促进作用。智育为受教育者思想品德素质、心理素质和身体素质等的发展提供了知识准备和能力基础。体育为学生各方面素质的发展提供了必要的身体条件，也有助于形成和发展一定的心理能力，如有助于学生坚强意志的磨炼，这也是心理健康教育的基本任务之一。心理健康教育则

为学生各方面素质的发展提供了重要的内部心理条件和心理前提。思想品德、知识、技能等同属于整个心理大系统，它们都服从心理形成、发展的规律，受到学生的心理年龄特征的制约。因此，在德育、智育、体育的教育实践中，不能不考虑学生内在心理因素的作用。

（三）内容上的相互交叉

心理健康教育中的一个重要内容就是培养学生良好的性格，而性格是具有道德评价意义的，也是德育的重要内容之一。智育中讲的能力教育，如何培养学生的学习兴趣，如何激发学生的学习动机等，也是心理健康教育的重要内容。因此，心理健康教育与德育、智育、体育等是紧密联系、相互渗透的。孤立地开展心理健康教育，而不考虑其他教育的相互影响，是无法达到预期目的和效果的，反之亦然。

二、心理健康教育与德育、智育、体育的区别

第一，虽然心理健康教育与德育、智育、体育在终极目标上是一致的，但是在具体目标上或者说在达到终极目标的途径上是不同的。心理健康教育是通过培养和提高学生的心理素质、维护学生的心理健康来促进学生的全面发展；而德育、智育、体育则是通过培养和提高学生的思想品德素质、科学文化知识素质和身体素质来促进学生的全面发展。

第二，虽然心理健康教育与德育、智育、体育在教育内容上有一些交叉，但是它们都有各自独特的研究领域和研究范围。心理健康教育的内容主要包括学生的认知能力和人格特征以及与这两者相关的问题。它关心的问题是怎样培养和提高学生的心理素质，以帮助学生积极悦纳自己，适应环境，充分发挥个人的潜能，克服成长过程中的各种问题。它的核心问题是成长问题，即与学生生活密切相关的各种事件、现象和问题，而不是独立于学生生活之外的知识或理论体系。德育一般包括思想教育、政治教育和道德教育，它所关心的是如何让学生形成正确的思政观念和方向、科学的世界观和人生观以及良好的道德等问题。其核心问题是个人的人生观和价值观问题。它力求使学生明辨是非，接受真、善、美的事物，追求高尚的思想情操与品行。智育关心的问题是让学生

掌握系统的科学文化知识与技能，并通过知识的积累来发展能力，学会做事。其核心问题是掌握知识技能，形成良好的认知结构。体育所关心的是如何通过体育锻炼增强学生的体质、提高学生的健康水平等问题。其核心问题是掌握体育锻炼的知识、技能和方法，形成体育锻炼的习惯。

第三，从手段和方法来看，心理健康教育是一个沟通和分享的过程。它不是要学生掌握一门科学文化知识，而往往是以活动为基本方式，引发学生的主观体验和感受，直接影响和干预学生的现实心理状态。教育者与学生之间是一种民主、平等的关系，常用的方法有角色扮演、讨论、行为改变及心理咨询等。德育、智育和体育基本上是一个教导的过程，它们设法将一定的知识技能传授给学生，让学生理解接受，然后在行为中表现出来。常用的方法和手段有讲授、示范等。

第三章

高校大学生思政教育与心理健康教育融合育人

第一节　大学生思政教育与心理健康教育融合的意义

一、符合两种教育在实践中融合的发展规律

教育的最终归宿在于促进人的发展。两种教育彼此融合发展适应教育的发展规律，也是社会发展的内在需要。大学生思政教育能促进大学生形成正确的世界观、人生观和价值观。大学生心理健康教育为大学生疏导心理问题和情感问题，帮助大学生获得身心和道德健康以及社会适应能力。同时，大学生心理健康教育可以借助于思政教育这个载体，将教育的范围和内容进一步扩充。在高校人才的培养过程中，大学生免不了遇到各种烦恼、失败和挫折，将心理健康教育与大学生思政教育结合起来，可对大学生进行全方位引导，促进大学生实现自我价值和社会价值。

二、提高大学生思政教育实效性的客观需要

（一）二者互融可丰富教育的方式方法

单一的思政教育和单纯的大学生心理健康教育均有其发展的缺陷，特别反映在教育方式方法上。高校思政教育在当前主要依靠思政理论课，依靠思政课教师讲解、灌输相关理论，久而久之，容易使学生对该课程丧失学习兴趣。如果在大学生思政理论课中融合心理健康教育平易近人、和谐易懂的教育方法，在思政理论课中穿插播放有关视频、图片，将理论联系实际，会使思政课的成效得到明显提升。在此基础上，大学生心理健康教育依靠思政教育平台，走进校园、走进教室、走进宿舍、走进大学生每天生活的各个角落，充实内容，拓展路径，互利互惠。

（二）二者互相渗透可卓有成效地提高教育效果

高校思政教育往往只关注大学生的思想状况，很少关注他们的思想波动，尤其是情绪上的波动。有了大学生心理健康教育的渗透，教育者可以及时关注大学生情感健康和思想动态及情绪波动值，并进行科学分析，全方位予以关注。同时，在思政教育的正确政治航向引领下，大学生心理健康教育能够平稳发展，势头良好。

三、大学生全面发展的客观需要

当今时代对人才的定义已经不仅仅拘泥于某一方面的特长和技能，高校培育的人才要实现德智体美劳全面协调发展。人才评价的标准不是单一的，而是多维度的，只有立场坚定、品德高尚、技能熟练、各方面均衡发展的人方可视为人才。

人的全面发展是社会主义教育的根本目的。大学生正处在全面发展的重要时期，高校心理健康教育应把立德树人作为检验工作的根本标准，着力培养德智体美劳全面发展的社会主义建设者和接班人。高校心理健康教育自觉地站在“育人”的高度开展工作，正是看到了大学生在全面发展过程中对心理健康教育的“呼唤”。

（一）心理健康与德

大学生正处在道德品质形成的关键时期，他们已初步形成了个体的道德观念，但仍会受到社会道德现象的影响，处于道德品质形成的不稳定时期，负面的道德现象不仅会动摇大学生内心的道德标准，还可能促使他们产生焦虑、迷茫等不适的心理感受。

道德品质的心理形成机制是一个“道德认识—道德情感—道德意志—道德信念—道德行为”的内化过程。虽然在这个过程中制约个体形成道德规范的影响因素有很多，包括社会道德状况、家庭教育和学校教育等，但其中起着内在支配作用的是个体的心理状况。对于大学生来说，良好的心理健康状况有利于他们在客观认识、分析和评价自我中形成正确的道德认识，在自我激励和自我反思中培养道德情感，在自我控制和自我指导中磨炼道德意志，在自我监督和自我修养中坚定道德信念，在自我检查和自我调节中完善道德行为。

（二）心理健康与智

就学生的智力发展而言，心理健康这样的非智力因素是不可或缺的重要基础，不健康的心理会直接影响学生的情绪调节能力和适应能力，导致大学生的智力活动效率低下。

一方面，心理素质与情绪调控能力息息相关。良好的心理健康状况有利于大学生正确调节情绪，在最短的时间内摆脱坏情绪，保持心情的愉悦。具备良好心理素质的大学生，往往能够掌握并运用多种调控方法转移、消解不良情绪，更快、更专注、更积极地投入学习和创造活动中，减少不良情绪对智力发展的负面影响。

另一方面，心理素质也会影响大学生的环境适应能力。良好的环境适应能力可以增强个体的心理弹性，提升学习新知识和新技能的效率。事实上，大学生不仅在刚刚入学时面临着环境和学习方式的适应问题，在实习、就业等其他实践活动中，也时刻伴随着环境适应问题。具备良好心理素质的大学生能够主动了解新环境，主动调整身心状态以适应新环境，以饱满的精神状态投入智力活动中。

（三）心理健康与体

大学生的身体健康是他们从事一切学习和实践活动的基本条件。人的身心健康是一个统一的整体，心理健康会影响生理健康，外界环境的变化会使人产生焦虑、烦躁、抑郁、恐惧等不良情绪，长此以往就容易导致生理上的异常和疾病。

高校心理育人能够在解决学生心理障碍、提高其心理素质的基础上，帮助学生养成积极向上的人生态度，从提高学生心理素质着手，解决学生在学习和生活中遇到的关于生命意义、人生价值和思想道德等方面的困惑，使他们以一种乐观豁达、开朗明快的心态保持健康的体魄。

（四）心理健康与美

心理健康教育与美育是相互促进的关系。随着经济社会的快速发展，大学生的审美意识变得更具选择性、多变性和差异性，大学生对“美”的认知日趋多样化。目前“娱乐至上”等趋向正在侵蚀着一些大学生的精神家园和审美情趣。美育工作可以帮助大学生陶冶情操，引导其追求更高的境界和品位，也可以有效疏解学生的负面情绪，使其保持活力和创造力；同时，为了保证大学生在接受美育教育时不扭曲“美”，不以丑为美，需要其具备良好的心理健康状况。

第一，心理健康教育可以帮助大学生澄清在审美过程中的心理困惑。随着新媒体技术的蓬勃发展，社会进入“媒介化”阶段，“泛娱乐化”现象比较常见，娱乐产业化使大学生的生活充斥着娱乐性、媚俗化的因素，一些大学生在不知不觉中成为娱乐的附庸，并在判别究竟什么是“美”过程中，产生了心理上的迷茫和困惑。

第二，心理健康教育对塑造大学生人格美具有重要意义。大学生保持心理健康，有利于其在审美中自觉追求更有趣味、更有意义和更有价值的人生内容，提升人生境界。对于个体而言，内在美是外在美的决定因素，外在美是内在美的体现。人格美便是一种内在美，其以个体健康的心理品质为形成基础。

综上所述，大学生要实现全面发展必须以良好的心理健康状况为“基石”。我国高校心理健康教育在马克思主义人学理论的指导下，自觉站在“育人”的高度，不仅回应了大学生在全面发展过程中的心理需求及价值实现等多重问题，也在尊重大学生独特性的基础上，为促进大学生的全面发展发挥着基础作用。

第二节　大学生思政教育与心理健康教育相结合的内在机制

大学生思政教育和心理健康教育不仅是传授基本知识，更重要的是帮助大学生形成高尚的思想道德品质和积极健康的人格，这是个复杂的过程。所以，首先要理清思想和心理、思想品德和心理健康、思政素质和心理素质这四组基本概念之间的关系，以便帮助我们更好地从理论上理解大学生思政教育和心理健康教育相结合的内在机制。

一、思想和心理的关系

思想和心理是我们经常使用的词汇，生活中我们都能理解它，但在不同的学科领域中使用时还是有细微的差别。在大学生思政教育与心理健康教育中，思想和心理都是基本的概念，都属于意识的范畴，它们既互相区别，又相互联系，密不可分。

（一）思想和心理的联系

在哲学中，物质和意识是一对基本的范畴，对二者关系的不同回答形成了两大对立的世界观——唯心主义和唯物主义。持唯心主义观点的人认为，意识是世界的本原，世间万事万物都是意识的产物；持唯物主义观点的人认为，世界的本原是物质，意识是物质发展到最高阶段派生出来的。辩证唯物主义认识论认为物质世界是不依人的意识而独立存在的，思想和心理都属于意识范畴，它们是人脑的机能，是对物质世界的能动反映。

1. 思想和心理都是人脑的机能

人和动物的心理是自然界长期发展的产物，物质运动从无机界的物理化学反应，到生物界的刺激感应性，以至动物的感觉和心理，在和自然相互作用中，人类的大脑逐渐进化。随着脑的进一步的发育，脑的最密切的工具——感觉器官也进一步发育起来。正如语言的逐渐发展必然伴随着听觉器官的相应的完善化一样，脑的发育也总是伴随着所有感觉器官的完善化。

思想和心理是人脑的机能，而人本身是自然界的产物，是在自己所处的环境中并且和这个环境一起发展起来的，因此，思想和心理也是自然界产物的人脑的产物。这不与自然界的其他联系相矛盾，而是相适应的。没有了人脑，就不会产生人的心理、意识和思想。

2. 心理、意识产生于人类的社会实践

人的心理、意识的产生是一个漫长、复杂的过程。心理、意识产生于人的社会实践。劳动创造了人和人类社会，同时创造了人的意识。马克思曾指出："人通过实践创造对象世界，即改造无机界，人证明自己是有意识的类存在物。"人的意识的产生是人的心理发展过程中的质变，它把人的心理提高到新的发展水平。人的意识在社会实践中不断发展，意识起初只是对直接的可感知的环境的一种意识，是对处于开始意识到自身的个人之外的其他人和其他物的狭隘联系的一种意识。人的意识不仅意识到外部世界和各种现象的存在，还意识到他们本身生活过程的存在。人的意识远远地超越了动物的心理水平，动物的心理水平只限于适应自然水平，不能跳出自然、改造自然，而人的心理水平不仅能适应自然，还能改造自然，将自然作为人类认识和改造的对象。

人的心理、意识不仅在劳动中产生，还在劳动中不断发展。劳动是最基本的实践活动，是有目的、有对象的活动。在社会生活中，人是为了满足自己的物质和精神的需要而进行生产劳动，劳动使人和自然、人和人之间具有一定的联系。正如马克思所说："人们在自己生活的社会生产中发生一定的、必然的、不以他们的意志为转移的关系，即同他们的物质生产力的一定发展阶段相适合的生产关系。这些生产关系的总和构成社会的经济结构，即有法律的和政治的上层建筑树立其上并有一定的社会意识形式与之相适应的现实基础。物质生活的生产方式制约着整个社会生活、政治生活和精神生活的过程。不是人们的意识决定人们的存在，相反，是人们的社会存在决定人们的意识。"同时，人的心理发展是受一定社会的生产力水平制约的。

3. 思想是心理发展的高级阶段

从心理发展过程来看，人的心理活动可以分为不同的层次，最基础的层次是人的感觉和知觉，较高层次的是记忆思维。感觉和知觉是任何有生命的物质都有的生理属性，是生命体和他们的外部世界联系的起点。感觉是认识的初级形式，知觉能帮助我们从整体上认识事物。只有

用不同的感官才能感受到事物的不同属性，揭示它们的内在联系。感觉和知觉是人和动物都具有的心理活动，但人的感觉和知觉要比动物复杂得多。

注意、记忆、想象和思维，是人作为高级动物所特有心理现象，是为满足人类社会实践的需要而产生的，是人和社会沟通交流的基础。

思想是心理发展的高级阶段。思想是人对反映于人意识的客观事物经过思维活动而产生的结果，是人通过概念、判断、推理等思维形式对感性材料进行加工后形成的成果，是心理活动的高级阶段。

（二）思想和心理的区别

思想和心理都是人的意识活动，但二者是两个不同的概念。心理现象是人和动物都有的，人的心理现象比动物更加复杂，而思想是人类独有的。思想和心理的内涵和表现形式不同。

1. 思想是高级心理活动的结果

思想是心理活动的一部分，是心理活动的高级形式，更是心理活动的结果。思想是人在和社会互动过程中逐步形成的，是人对客观世界规律的总结。广义的思想是心理的一部分，是被人意识到的各种心理活动和状态，包括认知活动、情感活动、意志活动等。狭义的思想亦称观念，是客观事物在人头脑中的反映，是人对事物的发展过程和规律的反映。

思想活动作为专门的精神活动，它可以进行独立的创造。思想的表现形式是观念形态的东西，也称思想意识，如世界观、人生观、价值观、道德观、恋爱观等。同时，思想可以通过语言、文字、书籍等载体进行传播。

2. 心理活动强调活动过程和状态

人的心理是客观现实在人脑中的反映。心理现象包括心理过程和个性心理特征。心理过程又包括认识过程、情感过程和意志过程。认知过程是人认识客观事物的心理活动过程，包括感觉、知觉、记忆、思维和想象。情绪、情感过程是人脑对客观事物是否满足自身物质和精神需要而产生的主观体验，是多种感觉、思想和行为综合产生的心理和生理状态，包括喜、怒、哀、惊、恐、爱等。意志过程是指人们自觉地确定目标，有意识地支配、调节行为，通过克服困难以实现预定目标的心理过程。个性（人格）是指一个人的整个精神面貌，具有一定倾向性的，是稳定的心理动力和心理特征的总和。心理动力（倾向性）是人从事活动的基本动力，包括需要、动机、兴趣、爱好、理想、世界观、人生观和价值观等；心理特征是一个人在认知、情绪与意志活动中形成稳定而经常表现出来的特征，包括气质、性格和能力。

（三）思想和心理相互作用

思想和心理相互影响、相互作用。一方面，心理活动是思想活动的基础，只有拥有正常的心理状态才能进行思想活动，如果人的心理活动出现问题，是不会产生优质的思想活动的。另一方面，思想活动对心理活动具有反作用，思想是心理活动的结果，思想活动具有一定的独立性，思想观念一旦形成会反过来影响人的心理的发展。积极进步的思想具有激励的作用，鼓励人们积极地投身到社会实践中，促进人心理的成熟；而消极落后的思想，会让人的心态消极、精神空虚，心理上出现问题。

二、思想品德与心理健康的关系概括

帮助大学生拥有良好的思想品德和健康的心理是大学生思政教育和心理健康教育的要求。理解思想品德与心理健康的关系，可以帮助我们更好地认识大学生思政教育和心理健康教育的关系。

一个人的心理健康与思想品德关系密切。心理健康是形成良好思想品德的心理基础，良好的思想品德有助于人的心理健康。

（一）心理健康是形成良好思想品德的心理基础

良好的思想品德的形成离不开健康的心理。人的兴趣、性格、气质、态度等心理因素都程度不同地影响着思想品德的形成和发展，是思想品德形成的必要条件，健康的心理状态可以为良好思想品德的形成提供良好的心理基础。大学生的认知水平和能力为其思想品德的形成和发展提供基础，良好的情绪情感对大学生的思政品德的形成和发展起着强化作用，坚定的信念为大学生思想品德的形成和发展提供了明确的方向，坚强的意志更能帮助大学生克服思想品德形成和发展中的障碍。

健康的心理状态，能使大学生处于对自己的思想、情绪、行为等的觉知的状态，从而更容易接纳自己。大学生能接纳自己，才能更好接纳他人；能做到自尊，才能尊重他人；能处理好和自己的关系，才能处理好人与人的关系、人与社会的关系。这样大学生才能更好地明确人生的目的、意义和价值，并在实现自己人生理想的过程中形成良好的思想品德。

（二）良好的思想品德有助于心理健康

一个人的思想品德是在社会化过程中逐步形成的，它反映了一定社会意识形态的要求。良好的思想品德是对主流意识形态的认同，可以增强大学生的社会适应能力，使大学生更好地适应社会发展变化，可以提高大学生的认知判断能力和解决现实问题的能力，减少心理问题的产生。

良好的思想品德能帮助大学生更好地协调人际关系，减少人际冲突和焦虑，建立和谐的人际关系，获得更多的社会支持，从而有助于大学生的心理健康。

良好的思想品德为大学生指明人生的方向，激发大学生努力学习，实现自己的人生价值。

良好的思想品德促使大学生身心更为和谐。世界观处于思想品德结构的最高层次，它对心理、思想和行为起着总的指导作用。具有优良思想品德的人对世界的看法更积极，有着更积极的人生态度，能够积极主动地解决生活中的问题。

三、思想品德问题和心理健康问题的关系

大学生思政教育和心理健康教育都是解决大学生成长所面临的问题

的。大学生思政教育重点解决大学生思想认识方面的矛盾和冲突，心理健康教育重点解决大学生心理方面的矛盾和冲突。但这两方面的问题并不是可以简单地区分开的，因为思想品德问题和心理健康问题的表现形式和形成原因都很复杂。

（一）思想品德问题和心理健康问题的表现形式都很复杂

心理健康问题既可能表现为情绪、情感，也可能表现为行为方式或认识活动，还可能只在心理上有所表现，在行为上却没有变化。思想品德问题的表现形式，不仅涉及人的心理层面问题，还涉及思想、政治、道德、价值观等问题，在行为上也有所表现。单纯的思想品德问题和心理健康问题在表现形式方面比较好区分，但大部分情况是思想品德问题和心理健康问题交织在一起，表现形式很复杂，很难区分是心理健康问题还是思想品德问题。把思想品德问题和心理健康问题视为同一条直线上的不同位置，就极端来说，两者的区别很明显，但是那些处于较中间的问题（比如人际关系问题），互相之间的界限就越来越模糊，而互相联系的成分越来越多。有些问题从表面上看是思想品德问题，可实际上更主要是心理问题。比如有的同学在集体活动中表现为集体意识淡漠、不关心帮助其他同学，表面上看是思想问题，但实际上他们存在社交恐惧的心理问题；有些同学长期情绪低落，与同学交流较少，表面上看是心理问题，但实际上更主要的是只看重个人利益的思想认识问题。因此，要把思政教育和心理健康教育相结合，形成合力，以解决大学生成长过程中面临的各种问题。

（二）思想品德问题和心理健康问题产生的原因都复杂

心理健康问题产生的原因是很复杂的，主要有生理原因、个体心理原因、社会环境原因、家庭环境原因、成长经历等。而且心理健康问题产生的原因具有隐蔽性，不是很容易就能找到的。相对来说，思想品德问题产生的原因更为复杂，除了个体心理、思想方面的原因外，还包含了更多社会原因和个人经历原因。心理健康原因可能产生心理问题，也可能产生思想品德问题；思想品德原因，可能产生思想品德问题，也可能产生心理健康问题。

（三）思想品德问题和心理健康问题会相互影响、相互转化

心理问题是世界观、人生观、价值观问题在心理方面的反映，解决大学生的心理问题应从帮助大学生树立正确的世界观、人生观、价值观入手。思想品德问题也和心理品质相关，要想培养大学生良好的思想品德，应当解决好大学生的心理问题。

心理健康问题不及时解决会变成思想品德方面的问题，而思想品德问题如果不能很好地解决，也可能变为心理上的问题。学生的思想品德问题和心理健康问题交织在一起，某些思想问题可以通过心理健康教育得到解决，而某些心理健康问题也可以通过思政教育进行排除。

四、思政素质与心理素质的关系

（一）人的素质构成及各部分的关系

人的素质是个体内化了的具有深层意蕴的品质特征，是蕴藏在人自身的尚需开发出来的身心潜能，并可以通过人的言行举止表现出来。人的素质既包括先天遗传特征，又包括后天习得的素养，它具有相对稳定性。只有那些经常表现出来的品质，才能构成素质；而一些在特定条件下才会偶有表现的品质，不能称为素质。同时，素质又是可塑的，素质形成后虽然比较稳定，但可以通过一定的教育、经历、感受，逐步改变和形成新的品质。

人的素质结构很复杂，从基本结构上来说，我们可以把人的素质分为自然素质、心理素质和社会素质。人的自然素质是人与生俱来的生理条件，是先天因素决定的。心理素质是人在社会生活中形成的心理品质，是由人的先天遗传和后天的实践活动共同作用形成的。社会素质是人在社会活动中形成的素质，包括政治素质、道德素质、文化素质、思想素质、劳动素质等，主要是由后天因素决定的。人的自然素质、心理素质、社会素质相互影响、相互渗透。其中，社会素质是人的核心素质，因为人的自然素质中就蕴含有一定心理的、社会的成分，在人的身

上已没有纯粹的自然本性，很多自然属性和动物的自然发生有本质的区别，都打上了社会性的烙印。

（二）心理素质和思想素质、政治素质、道德素质的关系

思想素质、政治素质、道德素质都属于人的社会素质，思想素质是指人们在长期的理论学习和社会实践中形成的思想观念和思想方法，政治素质是指人们对社会政治的认同和信仰，道德素质也就是人们的道德品质。

个体人格素质发展存在着一定的结构性和层次性，个体人格素质除了有一个纵向不断积累、升华，从低级到高级，由表及里，由浅到深的发展过程以外，在横向上也存在着一定的层次性关系，呈现出由心理层面、思想层面、道德层面到政治层面的金字塔式的结构关系。因此，从纵向上来说，人的素质体现为层次性，心理素质是最基础的部分，同时它也是高层次素质的组成部分；思想素质包括道德素质和政治素质，是较高层次的素质。从横向来说，这几种素质虽然各自具有相对的独立性，但又不能截然分割，心理素质和思想素质、政治素质、道德素质之间相互影响、相互制约。

个体思想道德素质结构理论阐明了各类素质在人格结构中的关系，为心理素质和思政素质的培养提供了理论基础。

思想与心理、思想品德与心理健康、思想品德问题与心理健康问题、思政素质与心理素质是大学生思政教育和心理健康教育中的重要概念，厘清它们的基本范畴和关系，有利于理解大学生思政教育和心理健康教育相结合的内在机制，促进大学生全面健康发展。

第三节　大学生思政教育与心理健康教育相结合的内在条件

不论思政教育还是心理健康教育都是伴随着社会发展需要而产生

的，作为一种教育实践活动，它们产生于不同的时代，满足不同社会和人的发展需要，受不同学科发展的影响。辨明大学生思政教育和心理健康教育的异同是实施大学生思政教育与心理健康教育相结合的前提条件。教育活动作为一种社会实践活动，它主要由教育主体、教育目标与任务、教育内容、教育途径和方法、教育管理等方面构成，这里根据教育活动的构成要素，对大学生思政教育和心理健康教育进行比较，可以看出它们既有一致性又有差异性，一致性为它们之间的结合提供了基础，而差异性则为它们的结合提供了发展的空间。

一、教育主体的一致性

主体和客体是认识论的一对基本范畴，主体是指承担认知活动和实践活动的人，客体是指主体认识活动和实践活动指向的对象。但不是任何时候人都是主体，人既可以是主体，也可以是客体。普遍而抽象地说人是主体，没有任何意义。人只有在自我意识支配下进行有目的的认识和实践活动时才是主体；反之，则不是主体。

（一）大学生思政教育和心理健康教育主体的一致性

教育史上人们对教育主体的认识也有一个不断发展变化的过程。关于教育活动中教师和学生的关系和地位，曾经出现了“教师中心论”和“学生中心论”之争，这种争论不论以教师为中心还是以学生为中心，都没把师生看成平等关系，而看成了二元对立的关系。

现在很多学者提出了教师和学生都是主体，他们之间相互作用、相互影响，体现了主体间性。“教”和“学”是一个过程的两个侧面，但不是两个过程。学生的“学”是教育的出发点和目的，学生又是具有主观能动性的人，所以，学生是整个教育活动中的主体之一。但是，我们在强调学生的主体地位的同时，不应否认教师的主体地位。教师是教育实践的实施者之一，其永远处在教育实践活动的主体地位，我们没必要为了突出学生的主体地位而否认教师在教育过程中的主体地位。因此，在教育过程中，教师和学生共同构成了教育的完整主体，既有教的一面，也有学的一面。

大学生思政教育和心理健康教育都是一种学校教育活动，和其他教育活动一样，教育主体就是教育活动的参与者，具体来说，教师和学生在教育活动中都是教育主体。

（二）大学生思政教育主体的特殊性

相对于一般教育活动，大学生思政教育的主体比较复杂，有其特殊性。思政教育的主体是教育活动的承担者、发动者、组织者、参与者、实施者。人们关于思政教育主体的认识既有共识，也有许多争论，包括在众多主体情况下谁是第一主体，这方面有单一主体说、双主体说、多主体说、相对主体说等。根据思政教育概念的界定，思政教育强调主体和客体具有层次性。教育者与受教育者包括阶级、政党、社会群体和个人等层次，这些层次具有相对性，在一定条件下可以相互转化。因而，思政教育是在一定社会中以人为基础的活动，既具有社会工具性价值，也具有个人目的性价值。概括地说，思政教育的主体有三大层次，即国家（包括阶级、政党）、社会群体和个人。对大学生思政教育来说，其教育主体包括国家（包括阶级、政党）、教师和学生。

（三）大学生思政教育和心理健康教育的主体之间的关系存在差异

从教师主体和学生主体间关系来看，大学生思政教育和心理健康教育存在一定的差异性。

1. 教育者的权威性、主动性不同

在思政教育过程中，教育者的主体性表现为主动性、主导性、创造性和超越性等属性。受教育者是自我教育的主体，其主体性主要体现在积极参与思政教育活动和接受思政教育这一环节上。这种主体性实际上也是受教育者在思政教育活动中发挥主观能动作用的属性。教育者在教育过程中起主导作用，受教育者既是教育的对象，又是接受教育的认识主体，整个教育过程既是教育者对受教育者施加教育影响的过程，也是

受教育者发挥主观能动性，把社会要求内化为自己的情感、意志和行为的过程。所以，在大学生思政教育过程中，教师往往把学生视为需要被塑造的对象，把自己视为“人类灵魂的工程师”，承担着培养接班人的历史使命，因此，其往往以权威的身份出现，主动对学生施加影响。

大学生心理健康教育中，教师除了传授基本的心理健康知识和心理调适技能外，还要对心理困惑的学生做心理咨询、心理辅导，在这些活动中，教师都要把学生视为当事人或来访者，把自己视为提供帮助的服务者、协助者，认为学生和教师、来访者和咨询人员之间关系平等，不是教育者与被教育者的关系，学生是主角，教师是配角。所以，在大学生心理健康教育中，教师应以辅导者、服务者的身份，以非指导性的态度去面对学生，努力促使学生积极思考、自我反省，提高自己的认识能力和水平。所以说，大学生思政教育者更具有权威性和主动性。

2. 教育者和受教育者互动过程存在差异

因为教育者的权威性和主动性存在差异，大学生思政教育和心理健康教育中，教育者和受教育者的互动过程也存在差异。

（1）互动中的主导性不同

思政教育有明确的是非对错的标准、明确的价值导向，教师就是传授者、灌输者，对学生错误的思想和行为要进行批评教育。但心理健康教育中，教师在面对学生的问题时，并不能直接给予学生一个对错的评判，而是要给予学生充分的理解，让有心理问题的学生把困惑表达出来，特别是让学生把不良的情绪宣泄出来。学生在和教师倾诉的过程中得出结论，而不是教师直接给他一个结论。

（2）互动中的开放性不同

思政教育中，教师和学生都会因为社会角色的原因，不会开放自己的所有的观点和感受。教师会强调正确的思想观念，倡导积极的价值导向，而不会向学生开放自己思想的困惑和负面的情绪。学生作为思政教育的接受者，因为害怕批评或教育，也可能会隐藏自己错误的思想观念和负面情绪，在教师面前呈现出教师希望看到的形象。而心理健康教育过程中，教师和学生不会有太大的角色的压力，教师和学生都能将自己的感受表达出来，这样可以更深入地进行交流。

（3）互动的方式不同

思政教育主要采用说服教育、宣讲、灌输、熏陶感染等方式，从中可以看出教育者更多地以“说”为主，而受教育者更多地以“听”为主。心理健康教育的方法主要有咨询、角色扮演等，强调宣泄与疏导，注重的是受教育者的主动和自愿倾诉，所以，教育者以“听”为主，受教育者以“说”为主。

二、教育目标的同一性

教育目标是实施教育活动要达到的预期结果或效果，既是教育活动的前提，也是教育的出发点和归宿。大学生思政教育和心理健康教育在根本目标上具有一致性，但在目标的层次、目标的价值取向、目标的社会性上存在差异。

（一）教育目标的一致性

大学生思政教育和心理健康教育的目标都服从和服务于我国教育目的和教育方针，二者在教育目标方面具有一致性。

1. 大学生思政教育的目标

大学生思政教育的目标是指教育者根据中国特色社会主义建设对大学生培养的需要，通过思政教育活动使大学生的思政素质在一定时期内所要达到的预期结果。具体来说，大学生思政教育的目标就是培养德智体美劳全面发展的社会主义建设者和接班人。从中我们可以看出：第一，大学生思政教育的目标具有社会性，体现了我国的社会性质和社会发展的要求；第二，大学生思政教育目标具有个体性，关注的是大学生个人的总体发展。

2. 大学生心理健康教育的目标

大学生心理健康教育的目标是教育者根据教育目的和大学生的心理发展规律和要求，通过有计划的教育活动使大学生在人格方面达到的预期效果。具体来说，大学生心理健康教育的目标就是要培养大学生良好的心理素质、积极乐观的心理品质，充分开发大学生的潜能，促进其思政素质和科学文化素质协调发展，使之形成健康的人格。

所以，大学生心理健康教育的目标不仅包括培养大学生健康的人格、良好的心理品质，还包括促进大学生思想道德素质、科学文化素质和身心健康素质协调发展。另外，大学生心理健康教育的目标具有层次性，具体目标可分解为基础目标、中间目标和终极目标三个层次。基础目标是防治心理疾病，增进心理健康；中间目标是优化心理素质，促进全面发展；终极目标是开发心理潜能，实现自我价值。

无论是大学生思政教育还是心理健康教育，都是要提高大学生适应社会生活的能力，培养大学生良好的个性心理品质，促进其心理素质、思政素质的提高，都是为培养德智体美劳全面发展的社会主义建设者和接班人服务的，所以二者在培养目标上具有一致性。

（二）教育目标的差异性

1. 教育目标层次上的差异

从培养人的目标层次上说，思政教育的目标是较高层次的目标，心理健康教育的目标属于基础层次的目标。大学生思政教育的目标是培养德智体美劳全面发展的社会主义事业的合格建设者和可靠接班人，不仅要培养个体的心理素质，还要培养思想素质、政治素质、道德素质等。而心理健康教育的目标以心理健康素质为核心，追求的是一种人与自然、人与社会、人与人之间的和谐状态。对大学生来说，心理健康是基础性的要求，而提高思政素质则是在健康心理基础上的超越，是更高层次的价值追求、精神追求。

2. 教育目标价值取向上的差异

大学生思政教育注重从学生的社会价值出发，立德树人，教育的最终目标是培养社会主义建设者和接班人。在思政教育过程中，教师既看重学生的社会性，又看重学生的个体性。大学生思政教育一方面关注的是社会的需要，把学生当作社会关系中的一个社会角色来对待，引导大学生形成正确的人生观、价值观，培养大学生成为一个社会主义国家需要的人才。但同时思政教育也重视学生个体的需要，重视学生的个人价值，促进学生的全面发展。

在教育目标的价值取向上，大学生心理健康教育更注重从学生的个人价值出发，满足个体的心理需要，增进个体的心理健康，注重学生的个性培养。大学生心理健康教育的重点是帮助学生认识自己以及自己与社会的关系，提高学生的社会适应能力，提高学生的心理素质，激发学生的潜能。

3. 具体教育目标发展变化的差异

大学生思政教育的根本目标具有稳定性，即培养社会主义建设者和接班人，但其具体任务和社会发展的形势联系密切，具有鲜明的时代性，它是在适应社会发展需要和个体成长需要的情况下，不断地与时俱进的。

大学生心理健康教育的目标，主要与人们对心理健康的理解和重视程度相关。20 世纪 80 年代以前，由于社会物质生活条件和文化的限制，人们还没有心理健康的意识，后来随着社会的发展，人们开始意识到心理健康的重要性，认识到人的心理健康教育是构建社会主义和谐社会的重要组成部分，随着“健康中国”理念的提出，心理健康教育目标的社会性也越来越突出。

尽管大学生思政教育与心理健康教育在具体目标上有所不同，但在教育的总目标上是一致的，即培养德智体美劳全面发展的社会主义建设者和接班人。

三、教育内容的交叉性

教育内容是教育目标的具体化，决定着教育目标的实现。大学生思政教育和心理健康教育的内容体系都很丰富，从起源上来说，思政教育与心理健康教育属于不同的学科，教育内容既有不同又有重叠之处，整体而言，二者在教育内容上呈现出交叉的特点。

（一）大学生思政教育的内容

思政教育的内容是根据一定的社会要求和受教育者的思想实际，经教育者选择设计，有目的、有步骤地传播给受教育者的思想意识、价值观念和道德规范等。

1. 大学生思政教育的具体内容

从具体内容来说，思政教育包括思想教育、政治教育、道德教育、法治教育、心理健康教育五大方面内容。

思想教育是培养大学生正确的思想观念的教育，根据思想观念的构成，主要有世界观、人生观、价值观教育，理想信念教育，爱国主义和民族精神教育等。

政治教育就是培养与提高大学生的政治素质的教育，主要包括马克思主义基本理论教育、中国特色社会主义理论体系教育、共产主义理想信念教育、党的知识教育、形势与政策教育等，其中，马克思主义基本理论教育是最核心的内容。

道德教育是培养大学生良好的道德品质的教育，主要包括马克思主义伦理学理论教育，以为人民服务为核心、以集体主义为原则的社会主义道德教育，社会主义荣辱观教育，以及在社会、职业、家庭等领域的基本道德规范教育。

法律教育主要培养大学生的法治素养，主要包括马克思主义法律观、法治思维、法治信仰、法律基本规范等教育。

2. 大学生思政教育内容的特点

大学生思政教育的内容具有整体性、结构性和鲜明的时代特征。

（1）大学生思政教育内容具有整体性

整体性是指大学生思政教育的内容是一个有机统一的整体，各构成要素相互促进、相互整合。思政教育内容是一个集合概念，它是政治教育、思想教育、道德教育、法纪教育、心理教育相互联系、相互渗透、互为条件、相互制约构成的统一体。

（2）大学生思政教育内容具有结构性

大学生思政教育内容构建的依据是思政教育目标和任务，目标具有一定的层次和结构性，因此，大学生思政教育内容也具有层次和结构。思政教育内容体系包括基础性内容，如传统美德、道德；主导型内容，如理想信念、民族精神和时代精神；拓展型内容，如公民意识、心理健康等。

（3）大学生思政教育内容具有时代性

新中国成立以来，大学生思政教育内容以思政教育目标为依据，围绕党的中心工作和大学生发展需要，与时俱进，从新中国成立初期主要由思想、政治教育两大模块，发展到思想、政治、道德三模块，再到思想、政治、道德、法治四模块，到现在思想、政治、道德、法治、心理五模块。各教育内容的关系，学界的认识比较一致，普遍认为思想教育是先导，政治教育是核心，道德教育是重点，心理教育是基础。我们从大学生思政教育内容发展的过程来看，整体内容体系中一方面存在一以贯之的稳定的教育内容，另一方面，为应对时代发展提出的新问题、新要求，大学生思政教育内容又不断地开拓创新，提出了具有鲜明时代特色的内容。

（二）大学生心理健康教育的内容

大学生心理健康教育有自己独立的内容体系，具体内容如下。

1. 自我意识的教育与辅导

自我意识是人对自己身心状态和自己与客观世界的关系的意识。该部分内容主要包括帮助学生正确认识自我、评价自我、悦纳自我，体验到自己存在的价值，对自己的能力、性格能做出恰当的评价，自尊、自重、自信。

2. 心理适应能力的教育与辅导

心理适应是当环境发生变化时，有机体通过自我调节系统做出能动反应，使自己的心理活动和行为方式更加符合环境变化和自身发展的要求，使有机体与环境达到新的平衡。大学学习生活和中学有很大的不同，对大学生来说，如何适应大学生活是他们遇到的第一道难题。通过心理适应能力的培养，可以帮助学生适应新环境。

3. 情绪管理、压力管理、挫折应对、危机干预等的教育与辅导

这部分内容主要是培养大学生的自我心理调适能力，帮助大学生了解自身情绪的特点，掌握情绪调适的方法，正确理解压力和挫折，学会正确管理情绪和应对挫折。

4. 人际交往的教育与辅导

这部分内容主要是培养大学生的社会适应能力。良好的人际交往是一个人健康成长的基本条件，通过人际交往的教育与辅导，帮助大学生掌握基本的交往原则和技巧，了解人际障碍的类型及调适方法，提高人际交往能力。

5. 职业生涯规划的教育与辅导

职业生涯规划的教育与辅导主要帮助学生了解自我、了解职业，根据自己的职业倾向，确定自己的职业目标，并为实现这一目标做出行之有效的安排。

6. 生命教育与辅导

帮助大学生正确理解生命的意义和价值，激发生命潜能，正确对待生命中的困顿，学会关注生命、珍爱生命，敬畏生命。

总的来说，大学生心理健康教育通过三个层面展开教育：一是知识层面，为大学生提供系统的心理健康专业知识，帮助他们更好地把握自己的心理，更自觉地维护和增进自己的心理健康；二是技能层面，帮助大学生掌握心理调适的技能和心理发展的技能，如环境适应、情绪管理、生涯规划等；三是自我认知层面，帮助大学生正确认识自己、接纳自己，使其在遇到心理问题时能进行自我调适或寻求帮助。

（三）大学生思政教育和心理健康教育的内容交叉互补

1. 大学生心理健康教育属于思政教育的组成部分

从大学生思政教育的内容来看，心理健康教育是思政教育一个重要

组成部分。这是大学生思政教育根本内容与时俱进、开拓创新的结果，也是心理健康越来越受到人们的重视，心理健康教育不断发展的结果。

2. 大学生思政教育和心理健康教育相互交叉

心理健康教育和思想教育中很多内容是交叉的。如人生观教育在寻找人生意义等方面，存在着思政教育与心理健康教育共同关心的一些问题。思政教育中的人生观教育，主要是从人的本质、人与社会的关系、人生的意义和价值来进行教育的。心理健康教育中的人生观教育，重点是对大学生进行生命教育，主要是唤醒学生的生命意识，激发大学生生命的潜能，引导大学生尊重生命、敬畏生命。二者从不同的角度对生命的意义进行了解释，丰富了大学生对人生问题的理解。

四、教育方法的互鉴性

教育方法是在教育活动中，所采用的一切方式、办法或手段的总和，是完成教育目标必要的条件，是教育者和受教育者相互作用的媒介和纽带，它可以分解为多种形式和多种方式。大学生思政教育和心理健康教育都有各自的教育方法体系，可以相互借鉴。

（一）大学生思政教育和心理健康教育具有不同的方法体系

思政教育方法是以马克思主义哲学为基础形成的方法体系，按照思政教育的一般过程，这些方法分为思政教育的认识方法、实施方法、调节评估方法。这里主要指思政教育的实施方法。实施思政教育的具体方法有很多，大致包括：基本的方法（理论教育方法、实践教育方法、批评与自我批评方法）、一般方法（疏导教育方法、比较教育方法、典型教育方法、激励教育方法、自我教育方法）、特殊方法（预防教育方法、冲突调节方法）和综合方法。每种方法下面又可以分为若干具体方法。

心理健康教育方法建立在心理学理论的基础上，是在一定理论的指导下形成的系统的方法，科学性和操作性较强，较为严谨。例如心理咨询和心理治疗，在不同的心理学理论指导下，具体的方法和技术不同。

（二）大学生思政教育和心理健康教育一般方法的比较

大学生思政教育和心理健康教育都有自己丰富的方法体系。这个方法体系有三个层次：一般方法、具体方法和运用方法。一般方法也就是原则方法，在方法论体系中，规定着具体方法的方向、准则和要求，起着导向和规范的作用。

大学生思政教育的原则方法主要有：疏与导相结合、科学性与方向性相结合、理论与实际相结合、解决思想问题与解决实际问题相结合、教育与自我教育相结合。

大学生心理健康教育的原则方法主要有：思政教育和心理健康教育相结合、普及教育与个别咨询相结合、课堂教育与课外教育相结合、教育与自我教育相结合、解决心理问题与解决实际问题相结合。

大学生思政教育和心理健康教育的一般方法原则方面有很大的相似性，都坚持教育与自我教育相结合，解决心理、思想问题与解决实际问题相结合。

（三）大学生思政教育和心理健康教育的具体方法有较大差异性

大学生思政教育和心理健康教育在具体方法上存在较大的差异性。思政教育方法主要有正面宣讲法、说理教育法、典型教育法、榜样示范法、自我教育法等。心理健康教育的方法很丰富，如心理测验、精神分析、行为矫正、心理咨询、心理调查、沟通分析、角色扮演、心理疏导等。

心理健康教育有些方法专业性强，有严格的规范要求和操作程序。而思政教育的具体方法，没有严格的规范要求和操作程序，更加灵活多变。正因为这些差异性的存在，二者能够在教育方法上的相互借鉴。

五、教育途径的相似性

教育途径是教育活动的重要组成部分，是指教育者通过一定的渠道有目的、有计划、有组织地传授教育内容，完成教育任务，实现教育目的。大学生思政教育和心理健康教育途径的相似性为二者的结合提供了可能。

（一）课堂教学活动

课堂教学活动是大学生思政教育和心理健康教育的主渠道。高校思政理论课是大学生的必修课程，由思想道德修养与法律基础、中国近现代史纲要、马克思主义基本原理概论、毛泽东思想和中国特色社会主义理论体系概论，以及形势与政策课等构成，这些课程由主要由思政理论课教师承担，通过课堂教学的方式，对大学生进行系统的马克思主义教育，引导大学生坚定理想信念，树立正确的世界观、人生观和价值观。

现在很多高校都开设了大学生心理健康教育必修课程，有条件的学校还开设了相关的选修课程。心理健康教育课程是着眼于大学生心理健康水平的提高、心理素质的优化和心理潜能的开发，以心理知识的传授、心理品质的培养和心理问题的辅导为内容的课程体系。

（二）日常教育活动

日常教育活动是大学生思政教育和心理健康教育的主阵地。日常教育是指在日常学习和生活中进行教育，它不像课堂教学是显性教育，它是一种隐性教育，通过隐蔽的方式传递思政内容和促进心理健康。日常教育活动包括日常管理活动、校园文化活动等。

学校的各项管理活动都要以学生为中心，在为学生做好服务工作的基础上对学生进行思政教育和心理健康教育。日常管理中最重要的是辅导员和班主任对学生的管理，其次是学校的各级管理部门在服务学生的过程中进行的教育活动，包括院系的管理、学校行政部门的管理、后勤服务部门的管理等。

校园文化活动以学校广播、校刊、校报、橱窗、板报等传统宣传媒体，和多媒体、网站、微信等现代媒体为载体，向大学生进行潜移默化的思政教育和心理健康教育。高校通过组织丰富多彩的活动，如校园文艺活动、体育活动，各种社团活动，校庆、迎新生、毕业活动等，营造了大学人文环境，丰富了大学生的生活，培养了学生的个性和特长，拓展了学生的成长空间，培养大学生的思想道德品质。

（三）社会实践活动

社会实践活动是思政教育的一个重要途径，这是贯彻党的理论与实践相结合的优良传统，也是贯彻教育与生产劳动、社会实践相结合的教育方针而确立的。社会实践活动种类很多，既有长期性的活动，如青年志愿者活动等，也有大学生社会调查、参观访问活动等，短期性的活动。通过广泛的实践活动，大学生能够了解国情、民情，发展独立思考能力，增强社会责任感和历史使命感。同时，在实践中，学生能够自我探索、自我认知，锻炼了心理素质。

六、管理体制的一致性

教育管理是一定的组织，为实现一定的目标，依据一定的原则进行的决策、计划、组织、协调和评价等活动。教育管理作为现代教育中的重要环节，在促进教育实践活动科学化、制度化和规范化上起着至关重要的作用。

大学生思政教育和心理健康教育在我国都属于同一个管理系统，在管理体制上是一致的，但在具体的管理制度方面存在一定的差异。

（一）大学生思政教育和心理健康教育管理体制的一致性

我国高校在大学生思政教育管理体系成熟的基础上，在国家政策的支持下，将大学生心理健康教育纳入思政教育体系中，因此在管理体制上二者是一致的。

大学生心理健康教育和思政教育领导体制是一致的，在校党委专门成立了学校心理健康教育工作委员会，由负责学生工作的校领导、学生处、教务处、保卫处、宣传部、校团委等部门领导构成，主要在学校宏观层面开展工作，如确定年度心理健康教育工作的重点，把握心理健康教育的发展方向，组织协调学校各部门的资源，监督相关部门完成心理健康教育计划等。

高校普遍建立了校、院（系）、学生班级三级教育工作网络，各级各部门确立明确的职责分工和协调机制，共同对大学生进行思政教育和心理健康教育。

（二）在管理制度上有所差异

1. 大学生心理健康教育管理体制机制更复杂

除了日常管理外，大学生心理健康教育管理还构建了心理危机防御体系，对大学生的心理健康状况进行监测；构建了心理危机的应急体系，快速有效地处理大学生心理危机事件，将心理危机对学生的伤害降至最低程度。

2. 教育过程中的管理不同

大学生心理健康教育重视规范，包括禁止性规范、倡导性规范、操作性规范。禁止性规范是为了防范心理健康教育损害学生利益而提出的一些禁令，并提出了伦理规范。倡导性规范是社会要求心理健康教育工作者积极实施的对大学生的帮助行为规范。操作性规范就是在心理健康教育过程中有严格的操作标准，如心理健康教育非常重视新生入学时的心理健康教育，进行心理测查，并建立规范的心理档案。

大学生思政教育也重视规范，但没有心理健康教育那样严格。如思政教育并没有严格的过程管理，不需要对学生进行思想道德修养的测查，也没有建立学生的思想品德档案等。

3. 教师的准入制度方面存在差异

大学生思政教育和心理健康教育都强调专业化要求，但在具体要求方面不同。思政教育工作者专业化要求更注重正确的政治方向，良好的政治素养、专业素质、思想道德素养等，需要达到一定的学历要求，但没有严格专业认证。学校心理健康教育工作者必须受过专业训练并取得一定的资格，并要求根据一定的学术标准和国际标准对心理健康教育者的资质进行认证。

以上从教育主体、教育目标、教育内容、教育方法、教育途径、教育管理六个方面对大学生思政教育和心理健康教育进行了比较，可以看到二者既有相同的特征，彼此又有各自的特殊性，同时它们之间有着密切的联系，这些都为大学生思政教育和心理健康教育相结合提供了内在条件。

大学生思政教育和心理健康教育相结合是现实的需要，既是大学生成长的需要、培养时代新人的需要，也是它们自身发展的需要。

第四章

高校大学生思政教育与心理健康教育融合育人的路径

第一节　大学生思政教育和心理健康教育融合的教育方法

一、思政教育中“大众化、公开化”等方法在心理健康教育中的应用

思政教育是大众树立正确的世界观、人生观和价值观的基本途径，对于促进社会经济发展、维持社会稳定有着重要的意义。无论社会如何变化，思想的统一性决定了国家的统一性。目前，我国的思政教育体系已经基本完善，有着完整的教育系统，也有着清晰的发展模式，一些思政教育方法已经成为大众化、公开化的教育方法。

对比思政教育与心理健康教育发展历程，不难发现，两种教育的结合必须以思政教育为参照，而思政教育中的大众化、公开化的教学方法应当积极地应用于心理健康教育领域中，改变以往心理健康教育的被动局面。

心理健康教育要积极借鉴思政教育的方法开展工作，一方面，把握好自己本学科的专业特点；另一方面，充分吸收思政教育方法的精华部分。心理健康教育工作者应深刻解读思政教育公开性教育方法，将它与心理健康教育有效结合，通过举办心理健康知识讲座，让学生发表意见，一起探讨心理健康问题，最终达到落实心理健康基础知识宣传的良好效果。还可采用电影评析等方式来开展心理健康教育，通过对电影人物的心理进行分析，拓宽学生的心理健康知识。把思政教育的集体性与心理健康教育的学科特色结合起来，有助于更好地开展心理健康教育。心理健康教育教师应不断地提高自己的专业技能水平，在思政教育团体的指导下成立心理健康教育讲师团，运用思政教育的教学模式来开展心理健康教育。

二、心理健康教育中“暗示、倾听”等方法在思政教育中的应用

心理健康教育主要从心理学的角度出发，教育者运用心理学、教育学原理以及心理咨询理论和技术等对受教育者施加一定的影响，帮助他们化解心理矛盾，减少心理冲突，缓解心理压力，优化心理素质，使受教育者保持良好的心理状态，形成良好的个性，促进受教育者的全面发展。在这个过程中，心理健康教育者大多采用的是隐性的教育方法，注重“移情”“共情”的运用，将自己定位为与受教育者平等的身份，更多地从对方的角度思考问题，重视沟通与分析。因此，高校心理健康教育过程中，教师应根据学生的不同气质与性格特征更新自己的工作方法，引起学生的共鸣，将教育理念内化为学生的思想，引导学生付诸行动，产生良好的行为效果，这是一个由内而外的过程。

具体而言，心理健康教育的方法能够应用于思政教育领域中的主要有认同、倾听、感召、陶冶等。对比以师讲生听方法为主的思政教育，不难发现，心理健康教育的这些方法的最大优势在于改变了思政教育中学生处于被动的局面，抓住了学生的心理，增强了教育活动的互动性，提高了教育效果。

思政教育不应当是枯燥无味的，一些有利于教育活动开展的方法都可以应用于思政教育中，一些时尚元素的运用不仅增强提高学生的认同感，还能够提高思政教育效果。当然在这个过程中要注意的是不要哗众取宠，不要为了迎合学生的口味而忽略了教学任务。专家型的教师既能结合学生的心理需求、心理特点，又能将自己熟知的学科知识与学校外的大千世界紧密地结合起来。心理健康教育法更多的是强调一种循序渐进的过程，注重启发和诱导，引导学生思考，能更好地培养学生的创造能力，避免单方面的灌输。

三、情感教育法在心理健康教育与思政教育中的应用

心理学家认为情感是人们在认知基础上形成的一种稳定的态度体

验，它具有两面性与持续性特点。两面性指的是情感可以分为积极情感和消极情感两种类型；持续性指的是人的情感在一定时间维持不变。情感是人类成为社会性群体的一个重要原因。而情感的两面性与持续性特点也决定了人们在接受教育内容时受情感因素的影响极大。原因在于情感的持续性决定了人们在接受教育时是具有一定的选择性的，不同时期的情感决定了人们教育选择的倾向。情感的两面性决定了在不同的情感条件下，人们接受教育的效果是不同的，积极的情感有助于人们更好更快地接受教育，反之，消极的情感则不利于人们接受教育。这也是情感教育法能够应用于教育实践活动的基本理论依据。

从心理健康教育的角度来看，在心理咨询中，心理教师与学生的沟通从本质上来说就是情感的重塑，具有心理问题的学生其情感一般都处于消极层面，而心理教师通过沟通能够激发学生的积极情感，从而促进学生的心理朝着健康的方向发展。

从思政教育的角度来看，情感教育法在思政教育中的运用也有非常明显的效果，具体表现在激发学生的内在潜力以及积极情感，为学生在日后的实践活动中坚定理想、奋发图强、积极进取奠定基础。思政教育的过程也就是人与人交流的过程，即教育者与受教育者围绕世界观、人生观和价值观传递的内心情感体验，通过语言、表情、动作以及行为，相互交流、相互碰撞、相互感染、相互激发，达到双方感情共鸣，进而达到思想认同的过程。因此，要想实现教育者与受教育者之间的有效交流，就必须重视情感因素。

四、个性差异教育法在思政教育与心理健康教育中的应用

一个不容否认的事实就是个体之间是存在巨大差异的，世界上不存在两个完全一致的个体。个体的差异是由个体的先天条件和后天生活、教育条件共同决定的，对于大学生而言，不同的教育背景和成长经历决定了他们的个性与气质也是不尽相同的。因此与中小学教育相比，大学

生教育应当更加重视学生的个体差异，实现学生个性化发展。对于思政教育和心理健康教育而言，个体差异教育法的重要意义主要体现在以下几个方面：首先，个体差异教育法有利于学生扬长避短，充分挖掘学生的潜力。学生的个体差异性决定了他们的优势也是不同的，以思政教育为例，有的学生可能更擅长记忆理论知识，而有的学生可能更擅长从实践中总结理论。其次，个体差异教育法有利于学生形成不同的气质。从心理健康教育的角度来看，学生的秉性气质是不同的，如有的学生天生外向，有的学生则心理承受能力较差，在遇到问题时很容易产生消极心理。因此，教师应从学生的实际心理状况着手，针对学生的秉性气质，对学生进行心理健康教育。如对于心理承受能力较差的学生，应鼓励其多参加一些探险活动；对于性格外向的学生，则要提醒他们注意人际交往等。

我们可从以下几个方面着手将个体差异教育法运用到思政教育和心理健康教育实践中：首先，尊重学生的个性倾向，了解学生个性发展的心理特点，给予学生正确的引导教育，使其个性化的发展能更好地与社会发展的需要相结合。只有这样才能有效地避免与学生的逆反心理直接碰撞，合理利用学生的顺势心理开展思政教育，达到提高高校思政教育实效性的目的。其次，教育工作者应当深入学生实际生活中，与学生建立和谐的师生关系，引导学生把自己的真实个性特征展现出来。这有利于教育工作者掌握学生的最新情况，及时有效地对其进行引导教育。

五、从促进学生心理健康发展的角度开展思政教育

（一）影响心理健康的主要因素

影响受教育者心理健康的社会心理因素有很多，归结起来有以下几个方面。

1. 意识障碍

影响人的心理健康的意识障碍，主要表现在对现实社会的意识障碍和自我意识障碍两个方面。对现实社会的意识障碍主要表现为：对社会

现实环境中的复杂事物及这种环境与自己的关系缺乏正确的认识，意识模糊，不能与周围的事物和现实社会环境保持协调关系。自我意识障碍是指对自身不能正确认识，不能把现在的我和过去的我、理想的我和现实的我有机地联系起来。当前，人们的意识障碍从集体层面而言，主要表现为相对剥夺感和社会歧视心理。

所谓的相对剥夺感，指的是个体以他人为参照对自身进行评价，如果自身的社会环境与经济水平低于他人，那么个体就会产生一种心理落差，有这种心理落差的一些个体没有认识到他人比自己优越是多因素影响的，反而认为自身的利益被剥夺了。相对剥夺感是当前社会普遍存在的一种心理意识障碍。一方面，随着社会经济的不断发展，人们对于生活的期望水平也越来越高，当这种期望与现实形成落差时，相对剥夺感就会产生；另一方面，贫富差距的不断扩大也会导致相对剥夺感不断膨胀，进而引发仇富等不良社会心理。

社会歧视心理通常表现为强势群体对弱势群体存有偏见，采取不公正的态度。

2. 认知障碍

在实践中认知障碍主要体现为认知活动的不协调，如个体的思维反应与外界信息脱节，表现为个体反应较为迟钝或者较为敏感。认知障碍对于学生的心理发展有着极大的影响。一方面，较为敏感会导致学生对他人、团体的看法产生偏差，如由于比较敏感，部分学生常常会因此先入为主、以偏概全、以点概面，对他人产生误解。另一方面，对外界信息的反应较为迟钝会导致学生很少或者不关注国家和社会的利益，只重视自身的利益，在自身利益不受到损害的情况下对外界不管不问，自身利益一旦受到损害就会将责任推到国家和社会身上，这本身就是自私心理的一种体现。

3. 情感障碍

情感障碍主要表现为情绪不稳定，情绪的自我调节、自我控制能力低下，情感过程反常，如情感冲动、情感淡漠、情感脆弱、情感倒错，以及焦虑、恐惧、抑郁等。因人的需要未获满足而产生的情感障碍，在现实社会生活中突出体现在利益矛盾和利益冲突上。这些利益矛盾会引发人们的情感障碍，导致严重的利益冲突。

4. 意志障碍

意志是心理健康的一个重要内容，同时，意志也是决定个体能否实现心理健康发展的一个主要因素。在实践中，意志障碍主要表现为个体的行为受直观感知支配，行为缺少目的性与一致性，自我控制能力较差。例如，生活中听不进去别人的意见，盲目地根据自己的看法行事，在遇到问题时自暴自弃、急于求成等都是意志障碍的一种体现。从心理健康的角度来说，意志障碍所带来的影响主要体现在以下两个方面：一方面，意志障碍会导致意志薄弱、心理承受能力较差；另一方面，意志障碍的存在会影响个体心理健康的发展。

5. 人格障碍

人格障碍主要表现为人格发展中内在的不协调，情绪反应、动机和行为活动出现异常。这种异常是在认识过程和智力没有障碍的情况下出现的，是对正常人格的偏离，在人际关系上表现为冷漠化。相对剥夺感和社会歧视现象容易导致心理失衡，弱势群体的利益要求和自尊得不到实现时，会感到压抑、自卑、无助、受挫、孤立，使得该群体的社会心理趋于冷漠化，只要不涉及自身的利益，对社会问题及自己身边的人与事均持观望或听之任之的态度，甚至过分渲染人们之间的对立情绪。而急功近利的心理则往往引发功利思想和自利心态，唯利是图，社会责任感和历史使命感淡化，容易导致利己行为。

所有这些不良心理现象，不断加大人与人之间的心理距离，造成人与人之间的情感淡漠。诸如此类的不和谐人际关系严重背离了和谐社会关于诚信友爱的基本要求。

（二）促进学生心理健康发展的思政教育措施

1. 学生心理接受能力的培养

思政教育对个体的影响是巨大的，在思政教育过程中，要想提高受教育者的思政素质水平，必须提高受教育者的心理接受能力。心理接受能力是指直接影响受教育者有效地完成接受教育活动的个体心理特征。它是有效地完成接受思政教育活动的主观心理条件，是直接影响受教育者接受教育活动的效率和效果的重要条件与保证。

（1）培养学生接受思政教育的认知能力

从认识论的角度来说，思维是人们在感性认识基础上所形成的一种理性认识，是人们对客观现实内在本质的一种反映。因此，人们要想正确地认识客观现实，首先要做的就是提高自身的认知能力。对于思维而言，认知能力的强弱决定了人们对外界信息的接受能力。以思政教育为例，思政教育本质上是学生对社会所要求的思政道德规范的感知、记忆等心理活动的综合体现，认知能力越高，学生对于思想道德规范的接受和理解也就越深，因此，培育学生接受思政教育的认知能力是确保思政教育有效性的基本前提。

从心理学的角度来讲，提高学生的认知能力需要着眼于学生观察力、记忆力和思维能力的培养。具体如下：首先，对于学生观察力的培养，可以采取角色扮演的教学方式，让学生扮演不同的角色，然后要求学生分析自身所扮演角色的方方面面，评价他人所扮演角色存在的问题，以此来提高学生的观察能力。对于思政教育而言，具有良好的观察能力主要体现在学生在教育过程中能够准确地把握自身思政方面所存在的不足，进而有针对性地约束和规范自身的学习。其次，对于记忆力的培养，教师应当尽可能地避免传统的死记硬背方式，帮助学生掌握更加科学的记忆方法。理论知识的掌握是思政教育的基础，理论知识掌握的速度与质量对于思政教育效果有着直接的影响，因此，学生必须不断地提高自身的理论水平，然后将之用于实践活动，约束自己的行为。最后，对于思维能力的培养，思政教育要将着眼点放在学生发散性思维的培养上。在教育实践活动中，教师要积极地引导学生去分析问题，寻找问题的答案，而不是简单地从书中摘取问题。只有发挥学生的能动性，让学生以理论为基础，开放性地对问题进行探索，才能够保证学生思维的发散性。同时，寻找问题答案的过程本身就是思政教育的实践过程，对于学生思政素质的提高有着积极意义。

（2）培养大学生接受思政教育的内化能力

接受思政教育的内化能力就是受教育者从内心深处相信并接受教育的要求，自觉地把教育内容及教育的要求转化为自己的思想、观点和自身要求的能力。也就是受教育者在对社会要求认同的基础上，将社会主义意识转化为个人政治思想品德的能力。受教育者内化能力的强弱直接影响接受教育的效果。思政教育解决其实效性问题，就应注重培养受教育者接受教育的内化能力。思政教育工作应着重围绕社会主义核心价值体系的内化问题加强教育和培养。

首先，坚持以人为本的观念，培养受教育者接受社会主义核心价值体系的内化能力。以人为本的核心就是人的需要和权益，包括人的政治、经济、精神文化方面的需要和权益，生存、发展、安全、健康方面的需要和权益，人的价值、尊严、社会地位方面的需要和权益。思政教育坚持以人为本的观念，一方面，要注重解决好社会需要和个人需要的关系问题，这是受教育者提高内化能力的心理基础。思政教育要依据受教育者树立和践行社会主义核心价值体系的社会需要，通过教育促使他们真正理解和接受社会主义核心价值观念，并转化成个人的需要。受教育者只有把这一社会需要转化成为个人的需要时，才能自觉地坚持社会主义核心价值体系，用社会主义价值标准规范自己的行为。另一方面，要注重保障受教育者合法的权益，这是受教育者提高内化能力的政治经济基础。受教育者在现实社会生活以及接受教育中，只有自己的合法权益得到保障时，才能产生对思政教育的信任感，从而激发接受教育的积极性和自觉性，促进内化能力的提高。

其次，坚持把社会主义核心价值体系融入思政教育的全过程，在教育中培养受教育者的内化能力。这无疑有助于引导受教育者用正确的立场、观点和方法去观察社会，用宽容理性的态度对待和处理问题，避免思想认识上的片面性和极端化，理性合法地表达利益诉求，从而推动良好的社会秩序和团结和睦的人际关系的建立。

（3）培养接受思政教育的操作能力

接受思政教育的操作能力指的是学生能够将在教育过程中所掌握的理论知识内化为自己的思想意识，然后以此为指导进行实践活动。接受思政教育的操作能力是学生自我约束能力、行为控制能力的综合体现。培养学生的接受思政教育操作能力，关键在于培养学生坚强的意志，意志的强弱对于思想意识能否落实于行为有着直接的影响，良好的意志能够促使学生在生活和学习中主动地按照要求来约束自己。例如，良好的意志能够保证学生在实践中有效地控制自己的情绪，避免自己的社会行为脱离社会规范。

2. 学生积极心理的培养

在思政教育中，学生的心态对于教育成效有着巨大的影响。一般来说，积极的心态能够保证学生愉悦地接受理论知识并且在后续的行为中主动地对自身的行为进行规范；反之，消极的心态则会导致学生对思政教育持抗拒心理，不愿意接受思政理论，更不愿将其作为自身行为的指导，继续我行我素。因此，在思政教育中教师要重视学生积极心理的培养，以此来推动思政教育的发展。

（1）培养学生对思政教育的正确态度

从心理学的角度来说，态度是个体认知成分、情感成分和行为倾向的综合体现。其中，认知成分指的就是个体对某个事物的认识以及建立在认识基础之上的信念，如学生对思政的认识是正确的，那么在此基础上就会建立起正确思想意识的信念。情感成分指的是学生在认识某个事物过程中的情感体验，愉悦的情感体验能够激发学生对事物的认同感。行为倾向指的是学生为了践行自己的信念所做的行为准备。思政教育的一个基本目标就是加强学生对思政理论的认识，这种情况下培养学生正确的态度是十分必要的。

在思政教育中进行态度教育对于后续的思政教育工作有着十分重要的意义，这是由态度教育具有认知价值、定向价值和激励价值决定的。

态度教育的认知价值指的是学生在态度教育中能够逐渐地培养出科学的态度，进而准确地对信息进行区别。网络时代的到来使得学生接触外界信息的渠道不断增加，再加上学生对鱼龙混杂的网络信息缺少科学的认知方式，因此，学生极易受到各种负面信息的影响。而态度教育则可以保证学生在接触外界信息时能够正确地选择有正面影响的信息，在接收正面信息的过程中产生一种积极的情感体验，从而提高思政教育效果。

态度教育的定向价值指的是通过态度教育，学生能够准确地把握社会发展方向，然后根据社会需求来规范自己的行为。态度包括认知成分、情感成分和行为倾向三个要素，正确的态度能够保证学生的行为倾向与社会需求相契合。

态度教育的激励价值指的是态度教育能够有效地培养学生积极的心理，促使学生客观地对待现实。正确的态度决定正确的行为，部分大学生之所以行为偏差，原因就在于态度不正确，对于自己的缺点和不愉快的生活经历采取逃避行为，久而久之就产生了思想与心理问题。而态度教育可以鼓励这些学生直面自己的缺陷和消极心理，然后有针对性地进行调节，促进自身的发展。

（2）加强职业道德教育，培养学生的社会责任意识

责任是一个人自觉地做自己应该做的事，并为自己的行为以及产生的后果负责。如果没有对自己应当承担的责任的认识，就不会认真、自觉和持久地去履行这种责任。然而，这种认识如果仅仅停留在观念上，不转化为一定行为，就不会有责任感，也不会获得因履行或没有履行责任而产生的情感体验。调查中发现，一些学生的社会责任意识知、行脱节，往往把社会责任过多地停留在观念认识上，不能把它转化为自觉的责任行为。由于缺乏一定的社会责任动机和履行社会责任的意志，因而，即使有某种社会行为的产生，也大多来源于外力的推动，具有情境性。外力可以促进人的责任行为的产生和责任感的形成，但这种责任行为和责任感不是自觉、自愿的，在没有外力的强制下，自然不会持久、

稳定。要使学生的社会责任观念转化为发自内心的自觉行为，最好的办法就是职业道德教育。职业道德教育可将职业道德规范和要求转化为个人的道德需要和要求，这样学生才能形成明确的责任动机，增强履行责任的坚强意志，有效地促进社会责任感的形成。

学生对思政教育的正确态度不是一朝一夕就能够形成的，也不是简单地进行理论讲授就能够完成的，而是需要教师通过思政教育逐步培养起来的。对此，一方面，教师要在开展思政教育实践活动时有意识地插入态度教育的内容，使其在潜移默化中对学生产生影响；另一方面，教师要积极地研究心理学，了解学生的心理发展趋势，然后因势利导地采取措施来培养学生的正确态度。

六、坚持理论创新与实践体验相结合的教育方式

在我国目前高校的教育体系中，要想实现思政教育与心理健康教育的有效契合，必须坚持理论和实践的共同创新，理论指导实践，实践检验理论，只有这样，才能使二者契合的有效性不断提高。

（一）增强心理健康知识在思政教育中的渗透性

心理健康教育本来就是一项运用性和渗透性极强的教育活动，目前，一些高校虽然开设了心理健康教育方面的课程，但在课程设置方面仍存在一些问题，比如单纯注重知识的灌输，忽视实践的运用，把心理健康教育与思政教育模糊化，过分注重形式而忽略了其核心本质等，使得心理健康教育课程演变成另一种“填鸭式”的理论灌输，违背了设立这门课程的初衷。而思政教育理论课教学作为高校德育的主要途径，其正面的理论灌输教育方式往往会引起一些大学生的反感。所以，针对心理健康教育课程和思政教育教学各自的不足，教师应该加强心理健康知识在思政教育教学中的渗透，如此不仅可以弥补二者的不足，还能促进二者的契合。

首先，在思政课教学中，教师应该多注意一些隐性的与大学生心理相融合的教育因素，比如友好的师生关系、融洽的课堂气氛、巧妙的教

学设计、灵活的教学方式、高尚的人格魅力等心理健康教育方面的环境设计，从而激发学生的兴趣，调动学生的积极性，间接地对学生的思想和心理产生影响。

其次，在思政教育课教学过程中，教师应该对学生进行层次性分类，针对不同年级的学生的实际情况，渗透不同的心理健康教育内容：对于大一新生，教师应该在“思想道德修养与法律基础”课教学中多渗透一些基本的心理健康知识，让他们对心理健康有所了解；大二、大三的学生主要在考研、学习等方面容易出现问题，在相关的思政教育课教学中，教师应该加强对这些方面知识的讲解和心理辅导，帮助学生解决心理困惑和矛盾；大四的学生主要面对的是工作问题，那么在教学过程中教师应该多加强就业心理和择业指导。心理健康知识在思政教育课中的渗透，使思政教育更贴近学生实际，能满足大学生的思想和心理需求，提高大学生的思想道德素质和心理素质。

（二）加强大学生的实践体验

社会实践是思政教育的一种重要方法，根据马克思主义学说，理论对实践有指导作用，反过来，实践是正确理论不断形成的源泉，也是检验理论正确与否的唯一标准。所以，思政教育与心理健康教育契合问题的研究要想得到不断的发展和创新，就需要不断加强实践，在实践过程中使大学生的思想和心理得到不断发展。

在加强大学生实践体验的过程中应该注意几个问题：

第一，要根据教育目的和大学生的实际情况选择合适的实践锻炼方式。实践锻炼有多种方法，我们应该根据具体的教育目的采取有针对性的实践方法，同时，在制定实践方案时，应该把大学生的年级、性别、专业等都考虑进去，这样才有助于根据大学生具体的思想和心理实际选择合适的实践方法。

第二，建立一些稳定的实践基地。稳定的实践基地可以使实践更具长期性、系统性、固定性，有助于大学生在这种循序渐进的实践中形成稳定的思想和心理。如一些红色革命基地、博物馆等，运用历史传统文化对大学生的思想和心理进行感染和熏陶，有助于他们树立坚定的马克思主义信念，形成正确的世界观、人生观和价值观，提升心理健康水平。

第三，要持之以恒。实践会对大学生的思想和心理产生影响，但只靠一两次是不行的，只有在经常性的、反复的实践中大学生的思想品德和心理素质才能不断得到提升。因此，我国高校应该不断加强大学生的实践体验，使大学生的思想素质和心理素质在实践过程中得到不断强化，并把理论转化为行为，做到言行一致，这样思政教育的效果才能得到显现与巩固。

第二节　注重大学生思政教育与心理健康教育的有机融合

一、转变传统教育理念

高校心理健康教育工作要想取得真正进展，高校领导、教师及大学生必须首先要在思想层面上转变对心理健康教育的传统认识，树立起正确的心理健康教育观。

（一）树立以人为本的教育理念

树立以人为本的教育理念，需要坚持两个基本原则：

第一，主体性原则。思政教育与心理健康教育的本质是促进人的全面发展。在实际的教育活动中，教师应从大学生的内在需求出发，充分调动其主动性、积极性，培养大学生自主学习与成长的意识与能力，充分发挥大学生的主体作用。

第二，共情原则。处在大学阶段的青年自我独立意识增强，其情感在变得丰富的同时，还带有一定的冲动性与极端性。然而在传统的思政教育与心理健康教育中，填鸭式的教学模式忽视了情感互动的环节，使得教育活动容易流于形式，无法引起教育对象的情感共鸣，从而失去了思政教育与心理健康教育的本质价值。因此，教师在开展思政教育与心理健康教育的过程中要注重共情原则，即在日常的教育活动中时刻保持对学生的关爱，体会其内心感受，关注其情感反馈，从而真正地贯彻并落实以人为本的教育理念。

（二）注重学生的个性发展

思政教育和心理健康教育需要引导大学生养成良好的个性品质，从而实现促进大学生个性发展的教育目标。

首先，准确把握大学生的个性特点。人的思想意识源于客观存在，它是经过实践之后形成的，表现为人的行为活动。因此，在不同的历史时期，人的个性特点会随着生活环境、教育背景、社会实践等影响因素的变化而变化。大学生这一群体由诸多鲜活的个体组成，他们之间是存在差异性的，体现在价值观念、道德品质、实践才能等方面。高校教育工作者应在充分认识受教育者具有差异性的基础上准确把握其个体特点，摒弃“一刀切”的教育方式，从不同个体的思想实际出发，因材施教，有针对性地解决受教育者的具体问题。

其次，合理分析大学生的个性发展变化。任何事物都是处在不断发展与变化之中的，受教育者的个性特点也不例外，它具有时代性与规律性。要想提高高校思政教育和思政教育工作的实效性，教育工作者必须准确把握大学生的个性发展变化，遵循其心理发展规律，充分调动其积极性。个体的积极性即个体在实践活动中表现出来的健康积极、阳光向上的心理状态。影响个体积极性的因素有内因与外因，内因起着决定作用，外因起着影响作用。在思政教育和心理健康教育过程中，教师应引导学生充分发挥自己的主观能动性，将所学知识内化为自己的意识观念，进而外化于具体的实践行动中。

最后，科学塑造大学生的良好个性品质。对大学生进行良好个性品质的塑造，最关键的是要因材施教。这要求教师对大学生这一群体要做到全面了解，能够依据个体的年龄阶段、思想观念、心理特点、认知能力的差异来制定不同的培养方案，并随时调整教学策略。此外，教育者在教育过程中应多鼓励、赞许教育对象，多为其提供施展自我的舞台。教师进行鼓励教育的同时，还要注重对大学生进行自我反思与自我批评的教育，规范其在日常实际生活中的言行举止，促进其良好个性品质的形成。

（三）在心理健康教育中融入社会主义核心价值观的引导

高校心理健康教育的受教育的对象是大学生，他们担负着建设祖国美好未来的重任。青年的价值取向决定社会未来的价值取向，青年的精神面貌代表着祖国和民族的精神面貌。在过去，心理咨询中往往遵循价值中立的原则，即对来访者无条件接纳，不对学生强加道德评判或价值观。然而，如果仅仅遵循价值中立的原则，不但难以达到心理健康教育的预期成效，而且违背大学生的心理期待，无法解决他们价值观方面的困惑，甚至会给他们的身心健康成长造成阻碍。价值观教育是心理健康教育的重要内容，其目的是为国家培养身心健康的接班人和优秀建设人才。因此，学生的心理越健康，他们的科学价值观就越容易建立。

在心理健康教育过程中加强价值观的引导，要做到如下几点：

首先，要增强教师的价值观引导意识。教师要率先垂范，把握真理，勤于学习，在与学生的交流互动中渗透社会主义核心价值观，在与学生的日常接触中以身作则践行社会主义核心价值观。

其次，要在心理健康教育中创新社会主义核心价值观的教育形式。心理健康教育者可以设计适合大学生的心理健康实践活动，创新教育模式，如情境心理教育模式、心理案例教育模式、心理活动互动教育模式等，以活动为载体，融入社会主义核心价值观，让学生在参加实践活动的过程中潜移默化地接受社会主义核心价值观。

最后，要积极进行朋辈心理教育活动，即让具有共同的文化背景、相似的价值观的大学生，围绕共同关心的主题进行学习和分享，相互启发、相互支持、共同进步。这是一种以人本主义心理学为理论基础，充满积极性和自发性的助人行为。高校可以通过设立班级心理委员，或聘请高年级的学生担任班级助理等形式来推动朋辈心理教育模式的运行。

二、完善协同创新的教育平台

将协同创新贯穿于人才培养的全过程中，搭建更为广阔的高校思政和心理健康教育平台，是提高教学质量的有效途径。教育平台的建设，应不断探索新形式、新方法，力图构建功能强大、富有针对性的教育平台。同时，教育平台建设要根据大学生教育实际，拓展教育服务范围，使受益面更广。

要想完美协同创新的教育平台，就要准确把握其特征。

首先，协同创新的教育平台具有虚实互补性。科学技术的发展，给教育领域带来极大的便利，学生不仅可以通过在线服务获取优质课程资源，还可以通过虚拟平台完成作业、讨论和互动。同时线下还有现实教育平台，传统的课堂教学、社会实践等大学生能亲身参与的教学环节，可以帮助大学生更好地理解教材。一种价值观只有与实际生活实践相融合，才能化知为行，发挥真正的价值。虚拟网络平台和现实教学平台的相互融合，能使高校思政教育和心理健康教育的协同创新取得良好效果。

其次，协同创新教育平台具有共享性。高校在资源供需上的矛盾，既有总量上分布不均的原因，也有结构上的不合理因素，这影响了大学生的健康成长以及高校教育事业的蓬勃发展。共享型的教育平台正是基于教育资源的供需矛盾，致力于为大学生提供更便捷高效的信息服务，为教师提供可靠全面的学生情况。通过建立大学生思想心理健康监测体系、驿站网络以及帮扶中心等，师生之间的了解更加深入，教学效果更加良好。

最后，协同创新平台具有稳定安全性。稳定安全是教育平台发挥作用的基本前提，对于高校思政教育和心理健康教育的协同创新来说更是如此。大学生的思想心理问题是一种隐私，无论是线上还是线下平台，对大学生相关信息的保密都是必要的。这就需要相关的政策机制来保障，以确保对大学生思想心理信息的采集都是基于教学研究用途，而不是借此来谋求个人利益，否则将会产生严重的后果，协同创新的教育平台也将失去运行的动力基础。

（一）建立高校思想心理健康监测体系

近年来，许多国家和地区都开始在教育领域建立质量评价体系，以全面反映教育教学状况以及大学生对学校、课程、教师等因素的满意程度。同样的，在高校思政教育和心理健康教育协同创新过程中建立监测体系，也可以更好地把握教学方向，及时调整教育方法，提升教育质量。而教育监测活动，就是对教学活动进行监测记录，为进一步提升教育质量提供原始资料参考。

要想客观、真实地反映大学生思想心理健康情况，需要建立一套可行的、科学的高校思想心理健康监测体系。首先，在数据管理系统内要制定细化的指标，如个人需求指标、参与度指标、满意度指标，必要时建立相融合的一二级指标，并且引入权重，使对各项指标数据的分析结果更加合理科学，从“质”和“量”上对高校思想心理健康状况进行反映。其次，在人员配备上要精心安排。应建立一支科学的检测评估团队，团队应包括高校思政教育学科领域的学科带头人、教学管理人员，同时邀请第三方机构参与，对监测结果进行分析反馈。最后，高校思想心理健康监测应长期跟踪进行，将大学生入学前的思想心理健康状况作为参考，注重日常监测以及阶段变化。同时，对个人年终报告进行关注，及时解决大学生学习、成长过程中的困扰。高校思想心理健康监测体系，不仅有助于教育者通过对监测结果进行深刻的分析和认识来引导教育发展的方向，还可以对大学生思想心理发展状况进行预测。

（二）搭建线上心理咨询平台，实现线上线下的有效联动

高校应以实体的心理咨询室或心理健康服务中心为基础，建立网络心理健康教育与心理咨询平台，由专业的心理健康教育教师和具有丰富心理咨询经验的思政教育工作者管理。部分学生对心理咨询还存在认知偏差，一方面，担心自己寻求心理帮助后，自己的心理困惑被泄露出

去，隐私可能会受到侵犯；另一方面，介意同学和教师的眼光，怕被人知晓。这两方面的原因导致一些同学即便存在心理困惑，也不愿意寻求心理帮助。高校搭建的网络心理健康教育与心理咨询平台就可以解决这两方面的问题。学生可以用匿名的方式与心理咨询师进行交流，这种方式既可保护学生的个人隐私，又可以及时排解他们的心理困惑。同时，教师可以根据网络心理咨询平台上学生普遍存在的心理问题，有针对性地在线下对学生进行心理疏导。

（三）建立高校思想心理健康帮扶中心

一些大学生因物质丰富且易满足，导致精神上空虚无助，容易产生心理问题；还有部分大学生因学习能力上的欠缺，在思想心理方面产生了自卑。这些因精神匮乏、能力不足而产生的思想心理问题，是高校思政教育和心理健康教育协同创新的难点。因而高校应对有这些问题的学生给予重点关注。

积极心理学是关于人类幸福、健康以及提高生活质量的研究，建立高校思想心理健康帮扶中心，要以积极心理学为指导，以专业心理咨询和朋辈心理互助为帮扶方式，将科学有效的心理辅导渗透心理健康帮扶中。积极心理学与传统心理学视角不同，其旨在研究人积极的方面，通过人的积极主观体验来增强人格因素中的正面力量，不断挖掘个人潜能，使人感受到幸福快乐，获得满足感。帮扶中心以积极心理学为指导内容，更有利于大学生敞开心扉，获得长远发展。要想建立高校思想心理健康帮扶中心，就要培养一批素质高、技术硬的朋辈互助团体，通过建立宿舍信息员—班级心理委员—学院心理专干—学校心理咨询中心的四级体系，对大学生心理问题进行全面把握，由具有专业心理学知识的教师运用一定技巧对有心理问题的学生进行辅导，使这些学生尽早调整状态，更好地投入学习生活中去。科学有效的心理帮扶，不仅包括对个人的帮扶，还包括对团体的指导。高校思想心理健康帮扶，应以宿舍、班级和社团等群体为单位进行相关活动，打破人与人之间的隔阂，让大学生乐于交往、善于学习。

三、构建协同创新的教育载体

教育载体关系到教育内容和教育方法的应用，离开了教育载体，教育内容也就失去了表现形式，只能束之高阁。教育载体的独特性体现在其包含的教育内容和教育方法上，通常以活动的形式表现出来。

教育载体关系到教育主体和教育客体的互动，教育不是单方面的教学过程，而是主、客体之间互相作用、互相影响的交互过程。主、客体要实现良性互动，离不开相关活动的参与，教育客体对教育载体的认同、教育主体对教育载体的适当把握是主、客体良性互动的前提。

随着时代的发展，教育载体内容日益丰富，只有对其精准把握，才能在实践中实现对教育载体的充分利用。教育载体发挥作用通常不是单个的，而是多种形式的载体一起发挥作用，教育者在教育实践中要注重各种载体之间的协同合作，使其形成教育合力。

（一）文化载体

校园文化是显性和隐性并存的一种载体形式，显性文化载体与隐性文化载体并重。显性文化载体由于其客观具体、显而易见的特点，一直以来都受到教育者的重视，如学校的建筑风格、教学设备以及景观绿化等。而隐性文化载体因其内隐性特点，所受的重视程度不足。因此，高校要深入挖掘隐性文化载体的内容，做到显性文化和隐性文化并重。隐性文化中的发展理念、学校特色、规章制度以及大学精神、学校历史等与高校教师、学生的行为和观念密不可分。在教育活动中，教师可通过讲解校史、解读校训、传唱校歌来弘扬大学精神，努力做到隐性文化显性化，显性和隐性相融合，营造良好的校园文化氛围。

高校在弘扬中华民族优秀传统文化的过程中，要注重文化载体的选择。此外，红色文化也应该在大学生思政教育与心理教育过程中发挥积极作用，通过弘扬红色文化，坚定大学生的理想信念，培养其爱国主义。在红色文化课程教育过程中，革命先辈的英雄事迹会使大学生的心灵受到震撼，这是红色文化载体所特有的。

（二）教育活动载体

教育活动载体是指将社会实践活动作为教育的载体，使大学生能够参与到具体的教育活动中，更加直观地认识到思政教育和心理健康教育的内容和思想。活动载体具有较强的趣味性和实践性，符合大学生的心理特点，可以帮助思政教育与心理健康教育取得良好的教育效果。活动载体营造了和谐互动的教育环境，增强了大学生在思政教育与心理健康教育的主体意识。但随着时代的发展，传统活动载体也显示出其不足之处：活动缺乏专业指导，参与者积极性不高；活动安排具有随机性，活动效果不稳定。大学生思政教育和心理健康教育协同创新离不开活动载体的参与，要推进协同创新的活动载体建设，就必须有针对性地解决上述难题。

在教育活动中，活动和内容要相互融合，拧成“一股绳”，既要强调内容丰富，又要兼顾活动载体的形式需要，充分调动参与者的主动性。大学生参与活动不积极，主要在于活动载体的吸引力不足。因此，高校应加大对教师的培训力度，提高其对活动载体的运用水平，增加活动的趣味性和吸引力；紧跟时代步伐，以社会热点为背景，举办大学生参与度较高的教育活动，如回母校参加社会实践、乡村振兴的社会调研、以兴趣为基础的社团活动等。

此外，高校应加强对活动载体运用的管理，构建制度化、体制化的稳定机制。宏观上，提高对活动载体的重视程度，充分发挥高校党委的领导核心作用，全力谋划顶层设计，形成思政教育与心理健康教育活动载体的总体规划。微观上，充分发挥大学生党员和共青团员的组织优势，定期组织思政与心理健康社会服务活动，形成活动载体的常态化机制。

（三）大众传播载体

大众传播载体是大学生了解社会发展规律、把握国际形势变化的窗口，它具有受众广泛、时效性强、指向性特征鲜明的特点。大众传播载体在大学生思政教育与心理健康教育协同创新中发挥着关键作用。

现代大众传媒以互联网技术为基础，通过微博、微信、网页等形式将信息以照片、声音、动画等形式呈现给大学生，对大学生的个人成长产生重大影响。因此，必须重视大众传媒在大学生思政教育与心理健康教育中的运用，加强大众传媒载体的优化创新。

首先，提高思政教育与心理健康教育工作者的技术水平。教学过程本身就是教与学的互动过程，所以思政教育与心理健康教育工作者更应该不断学习新方法、开拓新思路。除教师自身的努力外，高校也应加强对教师的培训，使之通过校内外的交流学习机会提升工作技能，不断开创教育科研新局面。

其次，构建大众传播载体导向机制。大众传播载体具有传递的信息量大、时效性强、手段灵活等优点，但也存在信息真假难辨等缺陷。这就要求思政教育与心理健康教育工作者紧跟时事热点，创新教学内容与形式，提高大学生明辨是非的能力。

(四) 管理载体

管理载体主要是对人的行为进行教育约束，其目的是实现组织绩效，在实践中具有综合协调性和艺术性的特征。一方面，管理载体面对的是不同性格、不同认知水平的大学生，这就需要教育者通过综合的方式实现管理目标，既注重大学生身心特点，又运用多种手段和方式，融合多学科内容体系，达到系统协调的目标；另一方面，管理载体具有艺术性特征，既存在确定因素，又存在不确定因素，这就对教育者的管理水平提出了更高的要求。

思政教育与心理健康教育总目标的实现，离不开管理载体过程控制。只有制定了公平公正的管理规范制度，管理载体才有继续发挥作用的空间，否则管理载体就会失去其权威性与可信度。一方面，高校应在大学生评奖评优的相关标准中，加大德育和心理健康考核所占的比重，制定思政与心理健康水平考核实施细则，使管理载体发挥更加明确的作用；另一方面，在操作中建立“一岗双责”制度，使各管理和教学岗位既有业务水平考核，又有思政和心理健康水平考核。

在思政教育与心理健康教育结合过程中，高校需充分利用管理载体资源，激发管理载体的生命力。管理过程中关键的因素之一是人，尤其是教师，这就需要加强师资队伍的建设。高校可以通过校内外的专业培训中心的定期培训，提高教师的教育教学水平；在教师群体中举办相关比赛，提高教师自我学习的主动性；减少教师科研和教学方面的压力，从精神方面给教师减压；健全辅导员、思政理论课教师、心理咨询教师和班主任的协同育人机制，做到可操作、可考评以及可量化，形成思政教育的合力；宣传身边榜样事例，挖掘社会正能量，以典型示范，以榜样引领，加强对教育主、客体的引导；制定思政心理帮扶制度，实现大学生思想心理普遍关注与重点帮扶相结合。

第三节　加强大学生思政教育和心理健康教育的队伍建设

一、加强教师队伍建设，提升教师教学素养

教师是教学活动中的主导者，也是与提高教学活动效果关系最紧密的人。因此，要想提升高校思政教育与心理健康教育的有效性，首先需要从教师入手。

作为教育过程中对大学生直接施加影响的人，教师的能力水平将直接影响教育教学效果。因此，高校需要加强教师队伍的建设，建立培训管理制度，充分调动教师队伍的积极性和创造性。

组建一支高质量的教师队伍，可从教师选拔、教师继续培训、教师考核评价三个环节入手。

第一，在教师选拔任用过程中，应拓宽选拔范围，聚集优质资源，促进整个教育队伍建设，提高教师专业素质和教育水平，以适应不断变化的教育需求。心理健康教育专任教师必须具有相关学历和专业资格。

第二，在教师继续培训过程中，高校需要构建长期的教师继续培训机制。首先，加强对思政教育工作者的培养，提高其心理健康教育水平。高校可以利用寒暑假时间，结合线上与线下方式，定期开展心理健康教育培训活动，帮助思政教育工作者了解大学生的心理发展规律，完善心理学的知识结构，掌握心理咨询的基本技能，提高从事心理素质和心理健康教育的能力。其次，加强心理健康教育教师的培训，提高教师自身的思政素养。大学生在解决心理困惑时，难免会遇到思想领域的问题，这就需要心理健康教育者在思想道德和政治观念上对学生进行正确引导。高校可以定期召开思政教育培训交流会，增强教师的政治意识，确保其在心理咨询过程中始终以马克思主义理论为指导。

第三，在教师考核评价环节不仅要考查教师基本理论知识的掌握程度，还要考查心理健康教育在教学过程中的实际效果，以及教师的课程设计是否符合学生的心理接受机制、课程讲授是否融合心理健康教育的内容、课后评估的内容是否促进了每个学生的发展。

二、提高师资队伍心理疏导能力

（一）引进与培训并重，提升师资队伍相关专业水平

心理疏导工作具备专业性，因此，在大学生思政教育与心理健康教育融合中，教育者需要储备丰富的心理学知识。高校可以为思政教育设置心理疏导相关理论课程，邀请具有心理学专业背景的教师进行授课；或邀请心理咨询师开展学术交流会，分享实践技巧；或邀请工作经验丰富的辅导员与思政教师开展研讨会，分享与学生进行心理疏导的成功案例等，理论与实践相结合，切实提高思政教育者的心理疏导专业水平。此外，教育者要掌握心理疏导的实施环节与各类方法，以便在进行真实的心理疏导过程中，能够根据教育对象的心理状态、接受能力、个性特征等方面，科学、灵活且因地制宜地进行疏通引导；同时，在生活中要走近学生、关注学生，分析不同心理问题产生的根源及适宜的解决方法，如此才能更好地应对不同的心理疏导对象。此外，教育者要关注前

沿动态，结合社会发展与自身工作，将理论付诸实践，并在实践中总结心得体会，做勤学务实的教育者。高校可以建立专兼结合的心理疏导队伍，具备心理学背景的专业人员、心理咨询师以及学生工作经验丰富的辅导员纳入高校心理疏导队伍。

（二）培养教育者良好的沟通技巧与倾听能力

出色的沟通技巧不仅可以帮助教育者更亲和、更精准地共情教育对象，让沟通氛围变得轻松、舒适，也可以将教育对象引导至正确的思想认知轨道上来。沟通技巧是有效沟通的重要条件，教育者通过与教育对象的有效沟通，可为教育对象正确认识自我、认识教育者创造良好的心理条件。此外，有效聆听也是有效沟通的重要辅助。心理疏导过程中，教育者认真聆听，不仅是尊重的体现，也有利于掌握教育对象更多的相关信息，从而找准导致其心理问题的关键信息。因此，培养教育者一定的沟通技巧与聆听能力，可以帮助教育者更好地掌控心理疏导氛围。

三、强化大学生自我教育

（一）强化大学生自我教育应遵循原则

1. 外部教育与自我教育相结合原则

对于思政课教师来说，一定要牢牢坚持以学生发展为本，从尊重、理解、关心学生出发，使学生感受到教师的可敬、可信、可亲，继而自觉汲取教育内容。另外，思政课教师应尽可能地激发学生自主性、能动性，指引学生养成自我教育习惯。对于自我教育而言，它虽是带有个人色彩的特殊教育形式，但个人力量是有限的，因而自我教育也需要群体环境的感染与促进作用，故而，大学生要牢牢坚持外部教育与自我教育相结合原则，以提高自我教育质量。

2. 思想教育与行为约束相结合原则

人的思想是人的本质在头脑中的集中表现，它由理智系统、情感系统两部分构成。理智系统能够使人进行演绎、推理等理性思维，从而认识客观世界。情感系统能够丰富人的心理活动及感官体验，继而影响人的行为活动；而人的行为活动是人与客观世界交互作用的产物，它与思想之间双向互通。人通过理智系统及情感系统感知客观世界，经过思考掌握客观世界运行及发展规律，然后进行行为活动。同时，人通过具体行为改造客观世界的过程也会使其主观世界得到调整与升华。所以，大学生要牢牢坚持思想教育与行为约束相结合原则，将自我思想教育与自我行为约束统一于自我教育过程始终。

3. 自我教育目的性与工具性相统一原则

自我教育是一种内含目的性的活动。目的性表现为人的主观动机，是推动人的活动、实现人的发展的内在主要动因。目的性总是对应地指向某一客体，旨在实现客体相对于人的价值。因而，目的性是人的一切实践活动的动力之源。但目的性的发展与实现有赖于具体实践活动，而工具性是实践活动的内在规定和重要属性。故而，人的目的性与工具性统一于实践活动之中。大学生在自我教育过程中，要始终坚持目的性与工具性相统一原则，在让目的性发挥出统领、激励、调节功能的同时，也使工具性发挥出创造性作用。

（二）强化大学生自我教育的现实对策

自我教育既需要大学生的自身努力，同时也需要社会、学校、家庭的外在支持。因此，这里着力从社会、学校、家庭以及大学生自身角度思考强化大学生自我教育的现实对策。

1. 创造大学生自我教育的健康社会生态

健康社会生态可为大学生提供风清气正的成长氛围，让他们在无形中汲取丰富的精神食粮，在熏陶中树立远大的人生理想，在学习中提高知识品德修养。

（1）加强文化建设，发挥文化辐射作用

从价值维度看，要厚植文化建设底蕴，夯实文化建设根基，把充实精神世界、凝聚精神力量等作为文化建设最高价值目标；从道德维度看，挖掘中华传统美德所蕴含的优秀道德资源，如哲学思想、人文精神等，纵深开展道德建设工程，推进社会公德、职业道德、家庭美德、个人品德建设；从实践维度看，要及时回应实践提出的新任务、新课题、新要求，在实践中验证文化建设成效。

（2）完善网络空间治理，打造风清气正的网络环境

加强网络空间治理可为大学生自我教育创造清朗的学习空间。因此，有关部门要完善创新网络空间治理立法，规范大学生依法用网，保证大学生安全用网；要建构多元交叉的网络空间治理格局与体系，保障大学生更好地进行网络自我教育；要加强网络空间传播运营监管，严格把控和筛选网络空间内容，使大学生在网络空间中汲取健康有效的信息资源；要提高网络空间治理技术能力，使网络空间治理技术适应网络发展需要。

2. 营造大学生自我教育的良好学校氛围

（1）坚持“以学生发展为本”的教育理念

现代教育核心目标是塑造堪当民族复兴大任的有为青年。随着信息网络的迅速发展，面对社会思潮涌动变化的复杂情况，高校只有不断提高大学生自我约束和管理等能力，才能让学生在自我教育中增强社会责任感，成为堪当大任的时代新人。

（2）加强教师队伍自我教育引导作用

外部教育和自我教育是相互融合的关系。大学生在接受外部教育时，不是被动地机械吸收，而是要经历分析、内化等心理活动。大学生尚处在成长发展阶段，还不能够很好地辨别是非真伪，这就需要教师对其进行适当教育，引领其朝着正确的方向成长发展。因此，教师要一改传统教育模式，利用新颖形式、多样方法、丰富内容实施具有引导性、启发性的教育。同时，教师自身也要树立自我教育理念，丰富自身知识结构，提高自身教育水平，用自身实际行动引导学生共同进行自我教育。

（3）完善大学生自我教育校园环境和条件

健康完备的校园环境和条件能够使大学生自觉形成良好的学习风

尚、道德品质和行为习惯。因而，高校一要美化校园自然及人文环境，提升校园环境格调与品位，优化大学生自我教育文化氛围；二要营造健康精神环境，培育优良校风，营造民主氛围，创设促进大学生进行自我教育的道德场；三要创设和完善高校制度环境，为大学生进行自我教育提供制度保证；四要加大资金投入，为大学生提供足够的活动经费，加大教育实践基地建设力度，为大学生进行自我教育提供有力的物质支持。

3. 发挥大学生自我教育的个人要素作用

（1）提高大学生自我意识

当前部分大学生自我意识尚未发展成熟，这会严重影响其良好地进行自我教育。因此，大学生要提高自我意识，正确认识“内在自我”与“外在自我”、“物质自我”与“精神自我”、个体“小我”与社会“大我”之间的辩证关系。具体来说，大学生要从纵向维度把自我分解为“过去之我”“现在之我”“未来之我”，对比“现在之我”与“过去之我”“未来之我”之间的成长与差距；从横向维度把自我分解为“积极之我”与“消极之我”、“主体之我”与“客体之我”、“生理之我”与“心理之我”，全方位、多角度地自我认识、自我评估，切实提高自我意识，进而确立自我教育目标，强化自我教育观念。

（2）激发大学生自我教育动力

自我教育动力是促使大学生产生自我教育意识和行为的根本动因，例如“自我悦纳”和“自我排斥”。悦纳自我的最终目的是完善自我，它要求个体全然接纳自我，学会欣赏自我，进而体验深层价值感、幸福感。自我悦纳能够唤起人内心深处的“良知”，它作为一种强大的内在动力，支持和推动人朝着美好方向靠近。此外，自我排斥也是大学生自我教育的重要动力。自我排斥意味着“主体我”与“客体我”存在矛盾，这会给个体带来一定的压力与负担，但为摆脱因矛盾而生的焦虑与痛苦，大学生会自觉激发自我教育动力，自觉养成自我教育习惯。

（3）提升大学生自我教育能力

自我教育能力至关重要，它直接影响大学生自我教育的效果。大学生要增强自我体验能力，它反映出个体对于自我所持的态度，涵盖成就感、内疚感及自尊、自爱、自信等多个层次，合理进行自我体验对于个人身心发展具有重大意义。同时，大学生要增强自我调控能力，它是大学生自我教育中最重要、最高级的部分，主要内含自我监督、自我管理、自我塑造等内在能力。从某种意义来说，自我调控能力直接决定自我教育以及自我实现的程度。因而，大学生应自觉增强自我教育能力，如此才能实现更好的发展。

（4）综合多种大学生自我教育方法

首先，大学生要充分利用“求学”这一最为有效的自我教育方法。因为在求学过程中，大学生不仅可以系统学习理论知识及专业技能，还可以开阔视野，培养良好的道德品质。其次，大学生要善于利用“交友”来进行自我教育。结交良师益友，可以对比自身不足，从其身上吸收借鉴优秀特质。再次，大学生要积极采用实践方法进行自我教育。任何思想认识最终都要落实于实践，大学生自我教育只有投入实践之中方可产生实效。最后，大学生要把反思作为自我教育的重要方法，贯穿始终。深度自我反思，可以让自己更加明确自我教育的目标，有利于自我教育向好发展。

（5）扩展多元大学生自我教育途径

在优化大学生自我教育效果实践层面的思考中，还要充分利用多元自我教育途径。一是要使“网上与网下”联动起来。高校不仅要明确网络在大学生学习生活中的重要地位，充分发挥网络的便捷性，使大学生良好地进行网络自我教育，还要充分利用线下实体的教育资源，展现真实环境与个体对于大学生自我教育的积极教育影响。二是要将“个体与群体”结合起来，充分发挥群体自我教育对于个体自我教育的促进作用。三是要将“输入与输出”统一起来。大学生在自我教育过程中，不仅要注重通过求学、交友等方式进行知识理论、价值理念等的内在输入，还要通过实践、分享等途径进行外在输出，以检验和提高自我教育能力及效果。

四、加强教育队伍合力建设

（一）协同辅导员的教育力量

辅导员与大学生朝夕相处，是最先了解大学生心理与思想动向的，也是最容易影响大学生行为的教育群体，其肩负着对大学生进行思政教育与心理健康教育的双重职责。

辅导员可以在日常工作中开展丰富多彩的教育活动，包括主题班会、影视播放、专题讲座等，最大限度地与大学生近距离接触，时刻关注大学生的心理动态，并对他们进行正确的教导和引导；也可以与思想和心理有波动的个别学生进行一对一的交流。如果辅导员发现学生有严重的心理问题，应及时向学校心理健康教育协会反映，由有专业背景的人员来解决。这就需要辅导员对学生心理问题的性质和严重程度做出准确判断，并为专业的心理学工作人员提供一些有价值的信息。这使得辅导员在针对大学生的两种教育中具有普遍性和差异性。

辅导员在承担起对大学生进行思政教育与心理健康教育的双重职责时，要更加注重自身知识的积累与技能的掌握，这就要求辅导员要利用工作之余，自觉学习，不断完善知识结构，拓宽教育视野。比如，辅导员应自觉接受心理学知识的培训，积极参加高校举办的有关思政方面的讲座活动，使自身向更加专业、更加资深的方向发展。同时，辅导员要加强与两种教育工作者之间的交流，积极向专业领域的教育者探讨经验，协同做好大学生思政教育与心理健康教育工作。

（二）发挥学生干部的积极作用

面对人数众多的教育群体，思政教育工作者还应组建一个优秀的学生干部团队，积极发挥其作用。这不仅有利于提高教育者的工作效率，提升班干部自身的身心素质，还有利于促进大学生整体心理与思想问题的解决，从而推动大学生思想教育与心理健康教育的顺利开展。

班干部的身份具有交叉性，他们既是协助教育者工作的小帮手，也是需要接受教育的教育对象，同时还是连接教育工作者与大学生的沟通桥梁。班干部的职责主要包括两个方面：其一，在与同学们的日常相处中，积极关注他们的思想与心理动态，及时向教育工作者汇报，使教育者更加有针对性地对大学生的思想与心理问题进行管理与处理；其二，班干部是大学生愿意倾诉与咨询的群体，有部分同学在思想、心理、学业、情感等方面存有困惑时，会主动向班干部寻求安慰与帮助，以消除困惑。班干部在协助教育者处理学生日常事务的过程中，既积累了工作经验，又提高了处理问题的能力。

为了使班干部更好地协助教育者工作，进而为大学生提供更好的服务，教育者在选拔班干部时需要注意以下几点：

第一，班干部需要具有高尚的道德品质。思政教育的主要任务就是把大学生培养成为有理想、有道德、有文化、有纪律的“四有”新人，班干部一定要为全班同学做出道德表率，做好道德榜样。

第二，班干部需要具有健康的心理。班干部要帮助其他同学解决心理疑虑，消除心理困惑，自身就必须具备良好的心理素质，如此才能对同学进行正确价值引导。

第三，班干部需要具有较高的发展潜质。大学生还处在成长阶段，教育者在选拔班干部时，需要注意一些可塑性强、潜质性大的同学。

第四，班干部需要具有较强的工作能力。大学生的日常事务具有琐碎性与突发性，这就要求班干部在秉持认真负责的工作态度的基础上，还必须具备较高的反应能力与实践能力。

总之，教育者对班干部的选拔不是随随便便的，应始终坚持公正、公平的原则，定期对其进行指导与培训，不断增强其管理与服务能力，以共同提高两个教育的有效性。

（三）建立“教师—辅导员—家长”协同帮教体系

个体的发展是嵌套在相互影响的一系列环境系统中的，系统与个体相互作用，并且影响着个体的发展。当把这种理论应用在思政教育与心理健康教育的结合问题中时，我们不难发现，学生个体的思想发展和心理发展是在家庭、学校、社会等生态环境中进行的。而学校由于成员职责分工不同，内部层次不断变化，又是其中最复杂的动态系统。思政教育与心理健康教育的结合是一项系统性工程，因此，单单依靠思政教育工作者或是心理健康教育工作者都不能打赢这场持久战，参与者应呈现出多样化的态势。

首先，要突出家庭教育的基础性地位，重视与家庭的合作。虽然大学生都是在校住宿，但是父母的思想倾向和意识对于孩子的身心健康发展依然具有很大的影响。学校可以定期开展活动，增进家长与教育者之间的了解，建立彼此之间积极良好的沟通氛围；还可以成立“家长—教师协会”或者联谊会，通过微信、QQ 群等新媒体工具定期沟通，讨论孩子的心理健康状况或是思政教育策略。这不仅能突出家庭教育对学校教育的配合，还能加强思政教师与辅导员、心理健康教师的联系和交流，帮助他们步调一致地帮助学生。其次，辅导员或者班主任发现学生出现思想问题或心理问题后，先有针对性地进行简单干预，如果情况没有好转，问题就要移交给思政心理援助组。思政心理援助组应由学校负责组建，成员包括心理健康咨询师或是心理医生、具有专业知识背景及丰富经验的教师和学校管理层人员。当心理医生处理完学生的心理层面的问题以后，再将学生移交给教师、辅导员等人员，使其接着处理学生思想层面、价值观层面、道德层面的问题。最后，如果学生出现的问题经过调解与教育后仍然没有改善，学校则需要请家长参与教育过程，对学生进行适当的干预。教育者要将“晓之以理、动之以情、导之以行、持之以恒”的教育手法始终贯穿其中。

第五章

高校大学生思政教育与心理健康教育融合创新

第一节　“以人为本”理念在大学生思政教育与心理健康教育中的创新

一、“以人为本”理念在大学生思政教育与心理健康教育中的重要意义

（一）“以人为本”理念有利于提升大学生素质

1. 引导大学生提高思想觉悟

大学生是社会进步、时代发展的承载者，因此，大学生只有具有较高的思想觉悟，具有高度的爱国主义、集体主义、社会责任感和担当意识等优秀品质，才能承担这一重任。“以人为本”强调大学生的全面发展，力争实现大学生德智体美劳等方面的科学发展。在教学中融入“以人为本”理念有益于提高学生的课堂参与度，如在课堂讨论过程中大学生能够各抒己见、畅所欲言，充分表达自己对某一社会事件的看法，从而能够吸收他人的正确观点，获得有利于思想觉悟提高的正能量。再如，在实践教学活动中组织大学生开展社会实践，不仅能够增强大学生的责任意识和担当意识，还能够激发大学生的自我成长意识，从而有助于提高大学生的思想觉悟。实现大学生思想觉悟的提高是高等教育的教育目标，是“以人为本”先进理念的核心内容之一。因此，坚持以人为本，有利于提高大学生的思想觉悟。

2. 引导大学生提高知识素养

大学生肩负着推动社会进步和时代发展的重任，要领导大众创造出大量的物质文化产品，为提高大众生活质量、提升大众生活品位做出卓越贡献。因此，大学生既要博览群书、通晓古今，又要具有扎实的专业知识，能够在将来运用自己的专业技能获得事业的成功。因此，教师要引导大学生在高校学习期间积极进行课堂学习和课后自主学习，为大学

生安排仁者见仁、智者见智的时事问题，让大学生在课堂讨论中各抒己见；要善于把握教育时机，引导大学生分析问题、解决问题、理论联系实际，提高大学生自主学习的能力；还要善于进行评价，全面、客观、科学地分析和评价每一位大学生的见解，把握大学生的思想动态，为提高大学生的知识素养而提供针对性和科学性较强的教学策略。而以人为本中“因材施教”等具体方法，更有利于提高大学生学习的积极性和创造力，从而帮助大学生提高的知识素养。

（二）“以人为本”理念有利于思政教育和心理健康教育工作的开展

大学生思政教育与心理健康教育工作是一项非常复杂、烦琐的活动，教师不仅需要利用教材中的正能量对大学生进行思想净化、人格陶冶，还需要立足实际和大学生一起面对成长过程中出现的各类生活问题，将大学生现实生活中的实际问题当作思想教育工作的活教材，在现场教育教学过程中对大学生积极实施思想教育。

大学生群体的复杂性是社会现象的简单缩影，是大学生社会化发展的直接体现，教师应立足大学生群体的实际情况，采取一系列针对性较强的教育方式，让大学生在教育过程中亲身体验现实生活中的“不和谐现象”，以此激发大学生的同情心和自省心理，引导大学生定位和审视个人行为，从而取得较好的教育效果。

大学生的心理脆弱性和可塑性决定了此类群体需要更多的关怀和引导，“以人为本”的理念着重于关怀大学生的个人心理，可以有效并高效地对大学生加以教育和引导，因而“以人为本”的理念有其必要性。

（三）“以人为本”理念有利于激发大学生的成长意识

在“以人为本”教育理念指导下，教师应尊重大学生在课堂教学过程中的话语权，给予大学生较多的参与机会、合作机会和探究机会，从而使大学生获得与教师积极互动、表现自我能力的机会和空间，从而有效激发大学生的学习积极性、主动性和创造性。大学生在体验到课堂学习过程中的合作乐趣和成功喜悦后，就会形成较好的自主成长意识和自律发展意识，这非常有助于大学生的全面发展。大学生思政教育与心理健康教育工作是一项复杂又庞大的人文工程，而教师的一切努力只有大学生产生主动悦纳意识后才有意义，因此，在思政教育与心理健康教育过程中激发大学生的自我成长意识成为当务之急。

在大学生思政教育与心理健康教育管理过程中，教师不能只靠“强制管理”的方式去进行思想教育和心理健康教育。大学生思想教育和心理健康教育管理的最高境界是以大学生的自律意识来代替他律方式，让大学生养成自己管理自己、自己约束自己的良好意识和习惯。因此，在大学生思政教育与心理健康教育过程中必须遵循“以人为本”，强化大学生在认知提高中的主体地位，激发大学生自主发展和自律成长过程中的积极性、主动性和创造性，真正激发大学生的自我成长意识，实现大学生的科学发展。

二、推进大学生思政教育与心理健康教育工作的创新

随着时代的发展和社会的进步，传统的教育策略很难在质量和数量上完成大学生思政教育与心理健康教育的工作，因此大学生思政教育与心理健康教育的方法也需要与时俱进、不断创新。高校思政教育与心理健康教育应以大学生为中心，做到尊重人、重视人和理解人，如此才能引起广泛的反响，提高思政教育与心理健康教育的实效性。

（一）促进大学生思政教育与心理健康教育的观念创新

教师要重新审视师生角色与师生关系。在传统教学中，教师是课堂主宰，居于说一不二的绝对主导地位，学生是被动接受的被领导者，学生在认知过程中没有任何话语权，只能默默地接受。“以人为本”的理念则要求构建新型师生关系，教师与学生是平等合作、共同探究、互助成长的教学关系，师生之间不再是领导与被领导的关系，而是一起合作的伙伴关系或朋友关系。建立新型的师生关系、重新定位师生角色是现代教育理论的要求，也是验证素质教育的需要。教师主动构建和谐、融

洽、温馨的师生关系，是推进大学生思政教育与心理健康教育工作的重要元素之一。

教师要重新设定课堂教学模式，摆脱传统课堂教学模式的困扰。教师的教学行为不仅要有很强的针对性和科学性，还要注意提升学生的情感体验，培养学生的学习兴趣，激发学生主动认知的积极性。学生只有对学习产生兴趣，才会积极思考、大胆探索，从而优化自己的认知活动，促进学习的科学发展。因此，教师在课堂教学过程中要以人为本，关注大学生在学习中的情感体验，立足大学生的身心发展特点和认知规律，努力提升大学生在思想教育与心理健康教育过程中的情感体验，引导大学生形成自主学习、合作交流、沟通探究、自律成长的良好习惯。大学生的认知能力、理解能力和交流能力较强，因此，教师可以引导大学生主动认知，在课堂教学中多组织学生进行课堂讨论，通过学生之间的合作、探究、竞争，给予其足够多的机会和空间表现自我、实现自我、提升自我，真正实现思政教育与心理健康教育课堂的人性化和主体化。

（二）推进大学生思政教育与心理健康教育的知识创新

在大学生思政教育与心理健康教育工作过程中，教师不仅需要高度的敬业精神和奉献精神，还需要具有广博而完善的知识体系。思政教育与心理健康教育看似简单直接，其实非常烦琐复杂。知识教育是将知识内化为大学生素质体系一部分的过程，而思政教育与心理健康教育是针对“人”的工作，是纠正大学生思想和心理方面错误意识的工作，如果大学生对教师没有信服感和崇拜感，教师的思想教育和心理健康教育就没有感召力和信服力，则任何形式的教学行为都没有实际意义。因此，教师要注意打造良好的个人形象，努力实现“学高为师、身正为范”，培养师生之间的信赖感和归属感，让大学生对教师产生强烈的崇拜感，如此思想教育与心理健康教育才会产生应有的效果。

教师要主动寻求与学生的知识交汇点。师生之间如果缺少共同语言，就无法将以思政教育和心理健康教育为目的的谈话进行下去，师生之间的兴趣差异、年龄差异、审美差异等都会成为阻碍师生情感交流和思想交流的障碍。如一位喜欢篮球运动的大学生在思想方面出现问题，教师通过篮球运动对他进行思政教育与心理健康教育就会事半功倍。教师可以从篮球运动规则引导其形成规则意识和纪律意识，从运动员之间的配合助攻培养其团队精神，从技术犯规的判罚标准引导其形成礼貌待人、谦逊内敛的处事风格，从教练指导运动员进行战术布置培养其执行能力与服从意识，从艰苦的篮球基本功训练培养其的吃苦精神和坚韧顽强的斗志，等等。思政教育与心理健康教育的最佳形式就是以大学生感兴趣的事物为媒介，在师生谈话中潜移默化地达到教育目标。所以，教师要主动学习，在大学生的爱好中寻找自己的爱好，以此获得与大学生产生共鸣的信息点，有效拉近师生之间的情感距离和心理距离，提高思政教育与心理健康教育的实际效果。

（三）推进大学生思政教育与心理健康教育的实践创新

传统思政教育与心理健康教育的主流形式就是对课本中的感人故事进行深刻剖析，在伟大的人物形象中挖掘思政教育与心理健康教育的信息点，并以此为突破口对大学生内心世界中“可能存在的阴暗面”进行善意的提醒，最终实现“有则改之无则加勉”的教育效果。但是，当大学生对一成不变的教学模式司空见惯后，就会对思政教育与心理健康教育课程产生厌恶心理和应付情绪，使得思政教育与心理健康教育的效果日渐归零。所以，在大学生思政教育与心理健康教育工作过程中，教师要实现工作实践方面的创新。

大学生思政教育与心理健康教育工作要加强实践创新，为大学生进行课堂学习创造出各种各样的参与形式和互动平台，让大学生在合作探究中成为课堂学习的主人。

第一，开展社会实践。教师要引导大学生走出课堂进入社会进行实践。例如，去敬老院看望老人，为他们表演节目，送去温暖；去孤儿院看望那些缺少关爱的孩子。这些社会实践活动能够取得简单说教所无法企及的课堂效果。

第二，借助网络资源。教师可以组织大学生建立爱心网站，让有困难的大众留言或直接咨询，由大学生团队提供实时帮助。大学生能够在爱心网站的具体事务的处理过程中养成关心他人、帮助他人的良好道德品质，激发社会责任感和责任意识，树立“为人民服务”的远大理想。

第三，组织社会调查。大学生来自祖国的四面八方，教师可以安排大学生利用假期进行一些社会调查，引导大学生主动了解社会，加速大学生的社会化发展。

三、建构大学生思政教育与心理健康教育中“以人为本”的实践模式

（一）教育、管理、服务一体化

在大学生思政教育与心理健康教育工作过程中，教育、管理、服务是教师为大学生提供的主要内容。教师要对大学生进行思政教育和心理健康教育，告诉大学生真、善、美的真正内涵及其与假、恶、丑的本质区别，对大学生进行制度教育、法律教育，培养大学生的规则意识和法律意识，让大学生知法、懂法、守法。教师要为大学生讲述先进事迹，用充满正能量的优秀故事为大学生构建一个充满人性美和正义力量的良性成长氛围，以促进大学生的健康成长。摆事实、讲道理是教师进行大学生思政教育与心理健康教育的主流形式，也是教师进行思政教育与心理健康教育工作的主要内容，是教师引领大学生思想提升、觉悟提高的教学策略。教师不仅要对大学生进行教育工作，还要对大学生进行日常管理。如果大学生在课堂教学过程中出现某些不当行为，教师就要以此为教育素材进行现场教育，因为思政教育与心理健康教育就是教育大学生“行得端，走得正”。教师在大学生思政教育与心理健康教育过程中还要为大学生提供一些必要的服务，如大学生在参与课堂活动中需要的简单道具、服饰等物品需要教师帮助提供。教师提供的服务与管理没有明显的区别，如教师在大学生参与课堂活动时维持课堂纪律，这既是一种管理，也是一种服务。

“以人为本”的理念体现出的是教师在课堂教学过程中退居二线，大学生进而成为课堂学习的主人，教师的教育职能、管理职能和服务职能的界线日益弱化。作为课堂教学“导演”的教师要为大学生的课堂学习提前设计好活动内容、活动顺序和参与人员等，教师的工作内容很难分清教育、管理与服务的具体性质，三者呈现一体化发展趋势。大学生成为课堂学习的主人，看似教师的担子轻了，其实教师所负责的事情更多了，比传统说教活动付出的劳动量更大。因为教师不仅要考虑教学任务，还要考虑如何让大学生通过自主学习主动探究完成教学内容，考虑课堂活动的具体安排细节以及对大学生的课堂学习进行评价，表面上教师教得少了，但教师幕后需要进行的准备工作却成倍增加。教师的教育行为、管理行为和服务行为都被称为教学行为，难以细分。因此，探索新途径，解决新问题，成为当今高校教育中备受关注的重要课题，坚持“以人为本”是新时期进一步加强大学生思政教育与心理健康教育工作的重要原则。

（二）建成大学生思政教育与心理健康教育工作的多维评价体系

教学评价按照评价主体可以分为教师评价、学生评价和自我评价。教师评价是指教师站在课堂教学组织者的角度上审视大学生的课堂表现，是知识传输者对知识学习者学习效果优劣的评价，是上级对下级的评价。学生评价是指大学生以知识学习者的角度评价其他大学生的课堂学习效果，评价者与被评价者都是同一级的学习者，是本级人员的互评。自我评价是指大学生对自己在课堂学习过程中的表现和收获进行评价，向教师和同学讲述自己对课程学习、课堂学习和自主学习的自我认识，是被评价者的自评。三个评价主体能够从三个角度审视被评价者的课堂表现，因而能够得出较为全面的整体认识和科学结论。

根据教学评价在课堂教学过程中的进行时机，可以将其分为预期评价、过程评价和结果评价三部分。预期评价是指在课堂活动开始前就对被评价者进行提前评价，评价被评价者会遇到的困难、可能采取的策略以及可能实现的预期效果。预期评价能够评价出被评价者对课堂活动的理解层次和准备程度。过程评价是指在课堂教学中对被评价者的课堂表现和突发灵感进行评价，以影响和推动后续课堂活动，提升被评价者课堂学习的整体水平和课堂效果。结果评价是指评价者以教学目标和教学任务为评价标准，对被评价者的课堂表现及其实际效果进行评价。由于该教学评价在一节课结束的时候进行，因而能够对被评价者的课堂表现有一个较为全面而科学的整体评价。

在大学生思政教育与心理健康教育工作过程中，教学评价要采取多维度评价的方式，给予被评价者客观而科学的评价。教师要合理利用教师评价、学生评价、自我评价以及预期评价、过程评价和结果评价，多维度、多角度、多层次地审视和评价大学生的课堂学习，肯定大学生的成功之处，指出大学生的不足之处，对于大学生有争议的课堂表现采取暂不下结论的推迟评价。教学的艺术不在于传授的本领，而在于激励、唤醒、鼓舞。因此，教师还要在教学评价过程中注意自己的评价语言，鼓励多一点，赏识多一点，表扬多一点，最大限度地提升大学生在课堂学习过程中的情感体验，帮助大学生获得积极、快乐、愉悦的学习情绪，使其形成主动认知、自觉发展的良好学习习惯，推动其良性发展。

（三）加强大学生心理健康教育，建立专业的心理咨询机构

大学生在成长过程中，在心理上、思想上都会出现或重或轻的心理障碍和成长困惑，如大学生离开家庭、离开亲人走进大学校园，开始独立学习和生活，开始独立谋划自己的未来，从而进入大学生需要面对的“心理断乳期”。突如其来的独立生活使大学生手忙脚乱，在心理上自然就会产生焦躁不安、郁郁寡欢等不良情绪。大学生还要面对学业问题、情感问题等，身体成熟而思想并不成熟的一些大学生往往会招架不住，心理问题随即产生。因此，帮助大学生及时进行心理调节，尽快打开心结，应对成长困惑、情感问题等，使大学生对外界人、事、物做出正确而科学的评价，及时清除大学生的心理障碍，显得很有必要。高校思政教育工作者如何有效地将心理教育融入思政教育，如何探索出一套科学

高效的管理模式，已经成为一个必须解决的重大课题。

1. 教师在课堂教学中融入心理健康教育

大多数大学生虽然对心理咨询持有积极肯定的态度与认识，但在寻求心理咨询的行为上却是消极的、回避的，知与行相互矛盾；对大学生进行普及性的心理健康教育是必要的。因此，教师要在课堂教学过程中对大学生进行心理咨询方面的宣传，让大学生明白任何人都可能有心理问题，只不过“病情”有轻有重，进行心理咨询是一种正常行为，就像生病了看大夫一样，没有什么难以启齿的，不是丢人的事。另外，教师还要在课堂教学过程中为大学生讲解心理问题产生的根源是什么，让大学生明白心理问题是现代社会的普遍现象，以此消除大学生的思想顾虑，使其坦然地进行心理咨询。

2. 教师组织形式多样的心理咨询活动

教师组织的心理咨询活动是提高大学生心理素质的重要手段，是大学心理素质教育的有机组成部分。心理咨询教师能够帮助大学生解开心结，舒缓心情，将不良情绪尽快清除，实现心理健康。另外，教师在大一的时候就应提前进行心理健康调查活动，主动排查存在心理问题的学生，早一天发现，早一天咨询，早一天治愈，早一天快乐。教师还要对大学生进行心理健康自我教育，有效提高大学生自我发现、自我纠正的能力，并引导大学生进行相关课程的学习，通过丰富大学生的基础知识提高大学生在心理健康方面的自我治疗能力，帮助大学生早日恢复健康生活。

3. 学校成立专业的心理咨询机构

大学生只有拥有健康的心理、高尚的觉悟、脱俗的情操才能够成为推动社会进步、民族繁荣的中流砥柱，肩负起中华民族的复兴大业。高校不但要开展心理健康教育，帮助大学生培养健康的人格，还要成立专业的心理咨询机构，对大学生学习、生活中的思想压力、经济压力、就业压力等影响大学生身心健康的不利因素展开调查，收集相关信息，为了解大学生的思想现状和心理健康程度做好准备。心理咨询机构要多组织大学生接受心理咨询活动，及时掌握大学生的心理健康信息，尽早发现问题、解决问题，减少心理困扰对大学生产生的负面影响。心理咨询机构还要做好宣传工作，引导大学生明白心理障碍是现代社会大众普遍存在的心理问题，只要经过心理咨询和疏导就可以消除心理障碍，恢复心理健康。

(四) 营造大学生思政教育与心理健康教育的“以人为本”环境

高校环境是大学生赖以成长和发展的土壤，高校人文环境是指学校除硬件环境以外的、能够对大学生各种修养产生实际影响的条件，建设好高校的人文环境，直接关系到大学生良好品德的形成和发展。

1. 加强校园文化建设

以人为本构建优秀校园文化，是加强大学生思政教育与心理健康教育的重要途径。因此，如何实现以人为本、提高大学生思政教育和心理健康教育效果就成为摆在高校教师面前亟待解决的实际问题。坚持以人为本的教育理念，精心营造和谐校园，使学校的环境与高校教育目标相符合，在提升高校思政教育与心理健康教育实效中有着举足轻重的作用。

(1) 以社团活动为载体，促进大学生的全面发展

大学生思政教育与心理健康教育的目的就是要使每一个大学生都能够健康成长。教师不仅要引导大学生成为课堂学习的主人，在教学中实现以人为本，还应引导大学生成为课外活动的主人，在生活中实现以人为本，而社团自然成为大学生张扬个性、展现自我、自主成长的发展平台。高校是一个庞大的教育机构，作为高校基层组织的社团则是大学生课外活动的主要场所之一，也是大学生社会化成长的重要基地。社团一般是爱好相同、兴趣相近的大学生的集中地点，如舞蹈社团、音乐社团、美术社团、篮球社团、足球社团、轮滑社团、表演社团等，全校各系、各专业的大学生来到社团，一起分享共同的爱好。社团活动打破了大学生原有的班级限制，使大学生拥有更多的机会接触其他人群与社会，从而帮助大学生得到更多的机会，实现社会化发展。大学生的课外

时间较多，可占用一部分组织各项社团活动，如篮球赛、足球赛、轮滑赛、舞蹈赛、歌曲演唱比赛等文体活动，从而使大学生在组织和参与各项社团活动过程中相互协助、相互交流，这有助于大学生的协作意识、团队意识、创新意识得到有效锻炼和提高，以及他们的全面发展。

课堂教学是大学生思政教育与心理健康教育的主阵地，而社团活动自然就成为大学生全面发展和思想觉悟提升的辅助平台，是大学生互帮互助、合作创新、健康成长的第二课堂。社团活动使大学生拥有更多的机会与其他系、其他专业的大学生一起交流沟通，从而锻炼他们与人相处的能力和交流能力，并能使大学生从更多渠道获得本校信息和社会信息，从而加速大学生的社会化成长。当今社会是一个纷繁复杂、瞬息万变的立体交流平台，这对现代人的公关能力、交际能力、应变能力等提出了更高的要求，而社团活动无疑提前给予大学生锻炼个人能力的机会，有效帮助大学生在走上社会之前就具备较好的个人能力，真正实现大学生的全面发展和素质提升，为大学生将来要面对的社会挑战和事业成功做好准备。因此，大学生积极参与社团活动具有非常积极的现实意义。

（2）加强校园文化建设，建构洁净的网上精神家园

校园文化是一种潜在教育资源，能够在潜移默化中对大学生的思想发展和健康成长产生积极的促进作用。建设和谐校园文化是塑造大学生的健康人格、提高大学生的思想道德素质、培养大学生的创新能力和实践精神的需要。校园文化建设的目的就是通过营造积极健康的人文环境，提升大学生的道德情操与思想修养，帮助大学生形成积极健康的完美人格，从而有效提高大学生的思想素质。在校园文化建设过程中，大学生是校园文化建设的中坚力量，也是校园文化建设的实际参与者和过程组织者。大学生在形式多样、内容丰富的校园文化活动过程中有效培养个人的兴趣爱好，在表现自我能力的过程中获得较为愉悦的良好情感体验，进而产生主动参与、快乐合作、敢于探究、勇于创新的动机，这会直接促进大学生组织能力、交流能力、交际能力、管理能力等方面的

全面提升，为大学生成为国家建设的栋梁之材奠定坚实的能力基础。

校园文化建设中的网络文化建设是非常重要的内容。高校必须认真分析当前网络环境下大学生思政教育与心理健康教育存在的问题，并根据网络的特点，做到以人为本，创新观念，优化网络资源，不断丰富网络文化。网络在帮助大学生获得有益信息的同时，又携带很多不良信息，腐蚀着一些自制力较差的大学生的思想。教师可以组织大学生建立QQ群或微信群，像组织社团一样，将现实版的社团活动转移到网络之上，让大学生在网络上继续进行社团活动，从而让大学生的课外时间充实起来且更有意义。另外，大学生可以组建班级群，强化本班同学在课外的联系，一旦有人遇到困难，就会有人出谋划策，从而营造出团结友爱、互帮互助的幸福大家庭氛围，真正实现相互关爱、温馨成长。

2. 增加人本教育课程的设置

一些传统人本教育方式忽视了大学生的认知特点和发展能力，缺乏必要的针对性、时代性和科学性，没有利用当代社会的“鲜活”教育资源为大学生提供非常宝贵的思想教育素材，从而降低了思政教育课程的实效性。对此，教师应以经典文本阅读为中心进行导读教学，并教会学生阅读的方法，指明领悟、实践的途径，尤其应注重精神的历练与思维的操作实践。国学经典是中华民族传统文化的优秀代表，教师应该引导大学生多读书、读好书，尤其是国学经典系列的图书。大学生的阅读能力、理解能力较强，非常适合多读书，读书就是同伟人交谈，能够凭借伟人的视角帮助大学生看清世事，能够在伟人的人格魅力的影响下净化大学生的思想，从而在潜移默化中有效提高大学生的觉悟。在阅读经典过程中，大学生能够从经典文本研读中获得思想、智商、情感方面的启发，在经典文本承载的优秀精神感召下深刻自省自检，从而实现个人的发展。读书虽然不能取得立竿见影的速效作用，但是经典文本中的优秀精神财富会在潜移默化中影响着大学生，使大学生慢慢转变，逐渐走向成熟。

大学生是课堂学习的主体。大学生的身心发展已经较为成熟，拥有足够强的自学能力、合作能力和探究能力，因此，大学生完全能够凭个人能力成为课堂学习的主人，教师应该大胆放手。在大学生思政教育与心理健康教育过程中，教师要积极向课堂教学的“导演”转型，为大学生的课堂活动制定好表演内容、活动顺序、时间安排、活动要求等，为大学生提出参与课堂活动的具体要求，让大学生保质保量地完成各项学习活动。同时，教师应像导演一样及时关注大学生的现场表演，将大学生课堂扮演过程中存在的问题记录在心，为以后课堂活动要求的制定提供足够多的参考信息。大学生在参与课堂教学过程中，心情愉快，大脑处于亢奋状态之中，因而对课堂活动的记忆效果较好，也能够达到深层次理解，从而为大学生思政教育与心理健康教育课堂效果的提升奠定坚实的基础。

第二节　基于网络空间的大学生思政教育与心理健康教育的融合

网络空间成为大学生学习、生活、交往的主要生活领域，加强大学生的思政教育和心理健康教育，成为新时代思政教育的重要内容，探究思政教育与心理健康教育的协同发展，有助于培养身心和谐、全面发展的大学生，进而促进教育要求的贯彻落实和教育效果的实现。

一、基于网络空间的思政教育与心理健康教育协同

协同理论认为，在社会空间中，各个子系统之间通过相互作用，会产生协同作用。思政教育与心理健康教育存在教育目标、教育对象、教育内容、教育方法等方面的协同性。基于网络空间的大学生思政教育与心理健康教育的协同教育过程，就是教师根据学生的网络心理活动规律，把握学生在网络公共空间中的思想、心理和行为特点，抓住思政教育与心理健康教育的共同点，引导学生进行健康的网络交往活动，形成

健康思想和积极网络行为的过程。

二、基于网络空间的思政教育与心理健康教育交互作用

首先，思政教育为心理健康教育提供价值导向。在网络空间中，思政教育通过宣传主流意识形态，传播主流声音和正面价值，培养学生树立正确的思想观念，引导和帮助学生正确认识和处理个人价值与社会价值、理想和现实、个人与国家的关系。正确的价值导向，为心理健康教育提供方向性的指引，引导学生形成符合社会发展的思想道德素质，激发学生社会参与的主动性和自觉性。

其次，健康的心理是思政教育的基础。在网络空间对大学生进行思政教育，能对学生的心理状况起着维持、调节和综合的作用。大学生的思想问题绝大多数来自他们心理状态的变化。学生只有拥有正常的感知能力、正确的认知方式和保持健康的情绪，才能主动接受思政教育，促进教育内化，将教育内容内化为自身的思想、道德和理想信念，并进一步外化为健康的网络行为和良好的网络习惯。

三、基于网络空间的思政教育和心理健康教育协同方法

基于网络空间的思政教育和心理健康教育的协同育人过程，要求教师具备扎实的思政教育和心理健康教育学科理论知识，又要具备适应网络综合性要求的信息化能力。为了取得更好的协同教育效果，应从提高教师综合能力、融合教育内容、促进教育方法协同等方面进行。

（一）提高教师的教育能力

首先，提高教师的专业自治能力。第一，夯实教师的专业理论基础，加强教师对思政教育、心理健康教育、网络传播等学科知识的学习和研究，提高教师的专业能力；第二，加强教师的专业培训与进修学习，提高教师的专业素质水平和专业自治能力；第三，提高教师思政教育和心理健康教育的教育水平，加强培养教师的思政教育和心理健康教育协同育人能力。

其次，提高教师的信息化能力。第一，转变教师的教育理念，加强网络信息业务培训，提高教师的信息管理、信息安全防范、信息过滤能力以及使用、管理新媒体技术的能力；第二，提高教师的信息化话语能力，改变传统话语交往方式，根据学生的网络话语特点，建立信息化网络话语体系，提高信息化网络话语沟通和交往能力。

再次，培育和提升教师的心理素养。思政教育者的心理素养包括政治心理素养、宣讲心理素养、品德心理素养等方面。基于网络空间的大学生思政教育和心理健康教育，要求提升教师的心理素养：第一，强化教师的政治认知，增强其政治情感和政治价值认同，提高教师的政治心理素质；第二，通过培训和学习，使教师熟练掌握思政教育与心理健康教育的内容以及全面掌握学生的基本情况，提高教师对教育内容的认知理解能力、宣讲能力和传播能力，提高教师的宣讲心理素养；第三，提升教师的品德心理素养，加强教师的网络道德、职业道德以及信息获取、信息监测、信息跟踪的伦理道德；第四，加强教师的心理健康教育培训，使其掌握心理健康教育的知识、技巧和方法，灵活应对自己和学生的心理问题。

（二）加强教育内容的相互融合

在大学生的教育过程中，教师以培养身心和谐健康的人才为目标，将心理健康教育与思政教育的内容有机融合。一方面，在思政教育过程中，通过对学生普及心理健康知识、健康个性心理品质特征、心理适应能力要求等学习内容，使学生的心理得以正常发展，形成健康的个性心理品质，为思政教育的开展提供健全的人格。另一方面，在心理健康教育过程中，以思政教育内容为价值导向，将社会主义核心价值观和人生价值选择等内容融入心理健康教育过程，引导和帮助学生树立正确的价值观，促进心理健康教育发挥“立德树人”的作用。

（三）促进教育方法的协同优化

教师应整合思政教育与心理健康教育各具特色的方法，发挥其优势，以达到教育优化的目的。首先，在思政教育过程中，教师应融入心理健康教育的学科知识和心理教育方法，掌握学生的心理特征、气质类型、心理健康状况，融入心理咨询、心理辅导、心理调适等方法，促进思政教育方法和教育手段的创新，提高思政教育的教育质量。其次，在心理健康教育过程中，教师应借鉴思政教育中的理论灌输与实践、情感陶冶、榜样示范等方法，促进心理健康教育方法的完善与扩充，通过多种方法的有效结合，使学生掌握心理健康教育知识和心理调适方法，促进学生健康成长。

人的思想、心理、行为构成人的整体，思政教育和心理健康教育都是做人的工作，存在许多共性，这使得二者的协同发展得以可能。高校应结合网络的特殊性及其对大学生的影响，通过提高教师的专业能力、信息化能力和心理素养，加强教育内容的融合和交叉借鉴教育方法等途径，提高思政教育与心理健康教育的协同实效。

第三节　协同理论视域下大学生思政教育与心理健康教育的融合

高校思政和心理健康教育之间存在着共性和个性关系，基于协同理论将两者有效整合，充分发挥各系统的功能，实现在教育目标、教学内容和教育载体等方面的协同发展，有效推进思政和心理健康教育优势互补、良性互动和协调发展，成为新时代加强和改进高校德育和心理健康教育工作的重要举措。

一、协同理论的科学内涵和基本特点

协同理论是指基于所针对的复合系统的结构功能特征。协同理论在各子系统之间构建起协调一致的目标追求，以利于各子系统的优化组合和协同效果达到最优，从而实现系统的共同目标。当前，大学生思政和心理健康教育作为两个独立的学科门类，具有各自独特的理论基础和独

有的学科特点，两者之间既存在着差异性，也存在着个性化，两者相互渗透、相互融合、相互补充、协同发展。协同理论视域下大学生思政教育与心理健康教育的融合呈现出以下三个特点。

（一）关联性

协同理论使各子系统相互联系，各子系统间存在密切的关联作用。协同理论的科学运用使大学生思政教育与心理健康教育之间相互联系，充分发挥自身的效能，产生更大的教育效果。

（二）渗透性

协同理论使各子系统紧密相连、协调配合。协同理论运用到思政教育和心理健康教育，使二者联系更加紧密，形成巨大的教育合力，充分发挥二者的实用性。

（三）融合性

协同理论使各子系统相互交织、互相交融。协同理论的运用能够促进思政教育和心理健康教育的融会贯通，切实提高德育和心育教学工作的质量。

二、协同理论视域下大学生思政教育与心理健康教育的关系

在协同理论视域下，大学生思政教育和心理健康教育的基本目标和根本任务具有统一性，思政教育侧重于大学生世界观、人生观和价值观的培育，心理健康教育则是加强和改变大学生的认知能力与处事方式、预防各种心理疾病、提高大学生的心理适应能力，二者是从不同的角度出发，运用不同的方法开展相关工作，其最终目的是一致的。因此，高校在德育教学工作中要高度重视心理健康教育的意义，并将其作为思政教育的一项重要内容，在德育教学中科学运用心理健康教育的相关理论知识和有效方法；同时，在心理健康教育中也要重点关注大学生的思想动态和道德倾向。只有思政教育和心理健康教育相互融合、相互促进，实现教育知识和教学方法的有效贯通，才能更加有效地提高教育教学的

效率和质量。

三、协同理论视域下大学生思政教育与心理健康教育一体化的必要性

基于协同理论加强大学生思政和心理健康教育一体化建设有助于加强两者的协同性，使两者互为条件、紧密联系、互相促进。心理健康教育为思政教育的顺利实施提供了稳定的心理条件，也为思政教育目标的设定和相关内容的深化和扩展提供了新的解决方法和有效的措施，能够帮助大学生解决心理冲突问题、战胜心理疾病、克服心理缺陷、排除心理障碍、维持心理平衡，从而促进大学生的心理健康发展。高校要坚持以协同理论为指导，加强大学生思政和心理健康教育一体化建设，加强二者的紧密联系和密切协作，实现二者之间的协调合作，针对整个复合系统的结构和功能，加强对二者的有效管理和协作，运用丰富的心理健康教育方法，改善德育教育的方法，改进德育教学的方式，促进大学生健康成长。

四、协同理论视域下大学生思政教育与心理健康教育一体化的有效途径

（一）创新协同教育理念，建立一体化的教育环境

高校要坚持以人为中心的教育思想，树立科学的协同教育观念，确定鲜明的德育育人方针，将人作为整个教育活动最核心的内容，丰富德育和心理教育的内涵，突出高校教书育人的职责和任务，围绕德育教学目标和心理教育重点工作，突出大学教育的社会功能，建立合理完备的思政教育和心理健康教育一体化教学体系。高校要加强德育和心理健康教育的建设，提高全员对德育育人重要性的认识，明确指出思政教育的目的是指导大学生树立正确的价值观念和塑造良好的道德品行；高校要加大对大学生心理健康教育工作的重视程度，明确心理健康教育对大学生身心发展的重要性，强化大学生心理健康教育机制，促进大学生健康

人格的形成和发展。环境对受教育主体有着重要的关系，高校要加强校园文化建设，强化德育和心理教育制度建设，为协同教育理念的贯彻和落实提供强有力的制度保障；要将思政教育和心理健康教育进行有效的融合和推进发展，有针对性地与社会实际相互联系，深入挖掘二者一体化建设的深层次价值，充分发挥协同育人的作用，为大学生营造一个舒适、和谐、愉悦的学习环境，切实提高思政教育和心理健康教育协同育人的教学效果。

（二）优化协同教育内容，构建一体化的教育体系

高校要不断创新协同育人理念，丰富协同教育的内涵，打破往常思政教育和心理健康教育相互割裂、单独教学的模式，结合当前大学生的思政动态和心理健康状况，制定明确的教学目标，深刻剖析教学的内容，科学规划不同学科各层次之间的相互衔接和协调，认真做好思政和心理健康教育的相互衔接和融合，建立完善的思政教育和心理健康教育一体化体系。高校要在遵循大学生心理活动运行规律的基础上，加强大学生思政教育，充分发挥二者的联合作用的功效；将应用心理学的理论成果运用到思政教育，客观分析大学生的心理状况，根据大学生不同的情绪特点，采用不同的教学方法，积极开展思政教育工作；用社会事实和案例分析支持教育理论，用教学理论指导社会事实和实践，使二者相互结合、相互促进、相互渗透，确保思政教育更加贴近现实生活、贴近社会实践，促进德育教学和心理教育的协调发展，充分发挥二者的合力，推动教育工作的落实，切实保证思政教育和心理健康教育取得最大化的效果。

（三）改进协同教育方法，搭建一体化的教育平台

高校要始终坚持与时俱进的原则，准确把握思政和心理健康教育的教学目标，深刻领会二者一体化建设的精神实质，不断转变教学的观念，创新教育的方式，拓宽教学的载体，运用先进的现代化多媒体手段，利用“互联网＋高新技术”改进教学的方式，将文字、图片、动画、音像和视频等形式融入课堂教学活动，搭建大学生思政和心理健康

教育一体化教育平台，开辟思政理论指导、时事政治热点新闻、心理健康教育与辅导、心理问题咨询等专栏，优化教育的内容，改进教学的手段，提高一体化教育活动的目的性和实效性，为大学生思政和心理健康教育创设新的情境，更好地提升高新技术和高校德育与心育的契合度，提高大学生协同育人工作的实效性。高校要结合大学生的个性特征，科学把握新时期社会经济发展的脉搏，坚持教育贴近新时代、贴近大学生和贴近社会生活的原则，积极满足大学生的个性化需求，打造网络化的德育和心育相结合的教学模式，切实提升高校思政和心理健康教育一体化的教学效果。

(四) 丰富协同教育形式，创新一体化的教育载体

高校要创新协同教育的理念，增强协同育人的意识，加深协同教育的认识，拓宽协同教育的领域，丰富协同教育的应用范围，深入挖掘思政和心理健康教育协同育人的精神实质。高校应结合大学生的身心特点和个性化的需求，科学运用校园宣传栏、校内广播、校园文化墙、微信公众号、微博官方账号、校园网站等新媒介随时开展大学生思政教育活动，丰富思政教育的内容，优化思政教育的方法，扩宽思政教育的宣传范围，彰显高校思政教育的时效性。高校应通过设置心理咨询室，配备学术能力强、专业素质高、业务技术熟练的心理学教师，并积极开展大学生心理咨询和心理教育辅导工作，为大学生提供有价值的心理干预和心理咨询辅导，促进大学生全面发展。高校可利用微信、QQ、微博、钉钉等“互联网＋”新载体，邀请德育学者、教育学专家、心理学专家等进行网络授课，从而丰富教学的精神实质，优化教学的传播方式，改进教学的手段和方法，强化师生之间的互动交流，拓宽新媒介传播的路径。高校通过进行思想交流、心理预防、心理疏导等互动，打破时空的限制，拓宽德育教学的渠道，加强德育教育的感召力，充分发挥心理辅导潜移默化的功能，扩宽了德育和心理健康教育的渠道。

综上所述，高校要始终坚持以人为本的原则，秉持协同育人的教育理念，不断丰富教育的内容，改进教学的方法，完善教育的机制，积极

建构思政教育与心理健康教育一体化体系，促进大学生自由全面发展，切实提升高校思政和心理健康教育工作的实效性。

参考文献

[1]陈丽萍.新时代高校思想政治理论课教学改革研究[M].湘潭:湘潭大学出版社,2022.

[2]崔伟,陈娟.新时期高校大学生思想政治教育创新案例探究[M].长春:吉林大学出版社,2022.

[3]范福强.高校思政教育与大学生择业的研究[M].延吉:延边大学出版社,2022.

[4]傅莹.新媒体时代高校思政工作创新[M].汕头:汕头大学出版社,2019.

[5]何雨洋.大学生思想政治教育主渠道和主阵地融合路径研究[M].成都:四川大学出版社,2020.

[6]胡绍红.大学生思想政治教育研究[M].北京:研究出版社,2020.

[7]姜一凡.大学生思想政治教育与心理健康教育整合探索[J].大学,2021(7):45—46.

[8]霍添.大学生思想政治教育与心理健康教育的结合[J].休闲,2020(30):170.

[9]袁梦.浅论大学生思想政治教育与心理健康教育的结合[J].青年与社会,2020(2):164—165.

[10]刘霞.新时期大学生思想政治教育与心理健康教育的整合路径研究[J].学周刊,2022(35):3—5.

[11]吕鸿雁.大学生思想政治教育与心理健康教育相融合[J].天津职业院校联合学报,2019(8):125—130.

[12]何光桥.论大学生思想政治教育与心理健康教育的结合[J].成长,2019(2):8—9.

[13]王丹秋.大学生思想政治教育与心理健康教育的融合模式[J].产业与科技论坛,2022(5):117－118.
[14]毛茂林.大学生思想政治教育与心理健康教育优势互补探析[J].广西教育学院学报,2021(1):76－79.
[15]李培培,田帅.大学生心理健康教育与心理咨询研究[M].长春:吉林人民出版社,2021.
[16]李强.高校大学生思想政治教育实践研究[M].长春:吉林出版集团股份有限公司,2020.
[17]梁炳辉,蒋家连,廖克敏.碎片化传播时代高校大学生思想政治教育研究[M].长春:吉林大学出版社,2020.
[18]刘岗.高校大学生心理健康教育工作创新研究[M].北京:北京工业大学出版社,2021.
[19]刘耀京.高校思政课激励机制研究[M].北京:人民出版社,2022.
[20]柳琼,韩冰,张薇.大学生思想政治教育对策研究[M].长春:吉林出版集团股份有限公司,2020.
[21]马立骥.大学生心理健康教育与实训[M].上海:上海交通大学出版社,2020.
[22]毛静,刘勇.高校党建新时代高校院系党组织党建育人的探索与创新[M].北京:中央编译出版社,2021.
[23]钱利安.课程思政视阈下体育与新时代大学生思想道德素质养成的理论研究与实践调查[M].北京:九州出版社,2021.
[24]冉波.高校立德树人与大学生思想政治教育融合研究[M].西安:陕西旅游出版社,2020.
[25]任金晶.新时期高校思政课程理论与实践探索[M].长春:吉林大学出版社,2022.
[26]桑爱友.高校大学生心理健康教育与发展研究[M].北京:九州出版社,2020.
[27]沈沛汝.大学生心理健康教育理论与实践[M].北京:北京航空航天大学出版社,2020.

[28]石晓帆.高校大学生心理健康教育研究[M].长春:吉林出版集团股份有限公司,2020.
[29]史秋衡,蒋晓蝶,孙昕妍.大学生思政育人实证研究[M].厦门:厦门大学出版社,2022.
[30]史逸君,朱放敏,余友情.大学生思想政治教育与校园文化建设[M].长春:吉林出版集团股份有限公司,2020.
[31]谈娅.新时代高校思想政治教育创新研究[M].重庆:西南师范大学出版社,2021.
[32]王静.全球治理人才培养背景下的思政教育体系建设[M].北京:中国商务出版社,2021.
[33]吴爱梅,潘俊勇.大学生心理健康教程[M].北京:北京理工大学出版社,2020.
[34]肖芳,汤锐.高校思想政治理论课教学疑难问题解答[M].北京:光明日报出版社,2022.
[35]姚雪兰.新时期普通高校思政理论课教学方法与实践研究[M].延吉:延边大学出版社,2022.
[36]张佳景,张子睿.思创融合实践研究——关于思想政治教育与创新创业教育融合的实践探索[M].北京:中国农业科学技术出版社,2020.
[37]张玲,赵鸣.新时代高校大学生思想政治工作体系构建与质量提升[M].天津:南开大学出版社,2019.
[38]张雪凤.高校大学生思想政治教育问题及对策研究[M].合肥:黄山书社,2020.